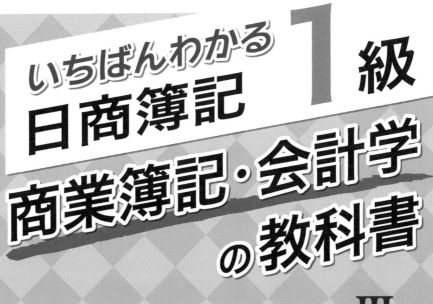

いちばんわかる
日商簿記 **1**級

商業簿記・会計学
の教科書

 CPA会計学院 編著

第 **Ⅲ** 部

はしがき

　本書を手に取る方の多くは、いま日商簿記3級2級の勉強中、もしくは、すでに合格したという方でしょう。

　日商簿記1級は日商簿記検定の最高峰に位置づけられる試験です。

　簿記2級合格後の新たな目標として、簿記1級は非常におすすめです。

　簿記2級においても多くのことを学習しますが、簿記会計分野の領域は非常に広く、簿記2級においてまだ学習できてないことは多々あります。

　この点、簿記1級では幅広くそして奥深く学習することになるため、簿記会計に関する大きな強みを身につけることができます。

　事実、簿記1級合格者は企業において高く評価されています。しかし、現状簿記1級合格者は多くないため、非常に重宝されます。合格したあかつきには、昇進や転職などキャリアアップに大きく活きることでしょう。

　また簿記1級は、国家資格である公認会計士試験や税理士試験の登竜門でもあり、最終的に公認会計士を目指すという方にもおすすめです。

　しかし、その分難しい試験であるという点も事実です。

　そこで本書においては、難しい内容でもしっかりと身につけられ、かつ、効率的に学習できるよう以下のような特徴を持たせました。

　　・図や表を積極的に用いることで、理解・定着ができる。

　　・各論点に例題を設けることで、解く力を養うことができる。

　　・学習上の重要性を付すことで、効率的に学習できる。

　上記に加えて最大の強みは、CPAラーニングと連動している点です。

　CPAラーニングでは本書を用いた講義を実施しています。

　講義動画は、CPA会計学院の公認会計士講座の講師が担当しており、本書の内容を、かみ砕いてわかりやすく解説しています。正しく理解し、効率的に学習を進めるためにも、講義を受講することをおすすめいたします。

　簿記1級はその内用面、試験範囲の広さから、完全独学が難しい試験となっています。本書と合わせて、ぜひCPAラーニングをご活用して頂き、簿記1級の合格を勝ち取って下さい。

　本書は、会計資格の最高峰である公認会計士試験で高い合格実績を誇るCPA会計学院が自信を持ってお贈りする一冊です。本書で学習された皆様が、日商簿記検定1級に合格されることを心より願っております。

2023年5月吉日

CPA会計学院　講師一同

■CPAラーニングを活用しよう！

いつでも、どこでも、何度でも
Web受講で理解が深まる！

簿記**1級**対策講座が
完全無料で
学べる
CPAラーニング！

CPAラーニングの特徴

✓ プロ講師による「理解できるWEB講義」

簿記1級を熟知した講師が試験に出やすいポイントやつまづきやすい問題などを丁寧に解説しているので、忙しい社会人の方や就活生でも効率的に最短合格を目指せます。また、WEB講義形式のため、いつでも、どこでも、何度でもご視聴いただけます。

✓ 実務で役立つ講義も受けられる

日商簿記1級講座の受講生は経理、会計、税務、財務などスキルアップできる実務講座を学ぶことができます。基礎的な講座から応用力を鍛える講座まであるため、学習者はレベルにあった講座を選ぶことができます。資格＋実務講義でキャリアアップへ導きます。

✓ 模擬試験が受け放題

本番さながらの実力をチェックできる模擬試験を何度でも受験することができます。もちろん、分かりやすい解説付きなので苦手な論点を得意に繋げることができます。

✓ 簿記3級2級もすべて無料開放

簿記1級にチャレンジする前に簿記3級2級の復習がすべて無料でできます。WEB講義から教科書・問題集（PDF）のダウンロードまで必要なものをご用意しています。

✓ 運営元は大手公認会計士スクール「CPA会計学院！」

CPAラーニングは公認会計士講座を50年以上運営してきた実績あるCPA会計学院が講義を提供しています。講義は公認会計士講座の講師が担当しているので、本質が理解できるわかりやすい講義を展開します。

ご利用はこちらから

cpa-learning.com

■合格への道

1．学習を始める前に知っておくべき1級の特徴

特徴1　試験科目は4つあるが、実質2科目！

　簿記1級の試験科目は「商業簿記」、「会計学」、「工業簿記」、「原価計算」の4つに分けられています。しかし、実際は「商業簿記と会計学」、「工業簿記と原価計算」がそれぞれセットであり、実質2科目です。簿記2級で言えば前者が商業簿記、後者が工業簿記です。簿記1級は、簿記2級の商業簿記と工業簿記の延長線上にあると言えます。

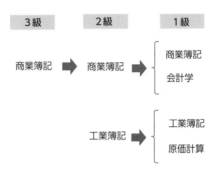

特徴2　試験範囲が広いが、得点調整がなされる！

　簿記1級は試験範囲が非常に広く、時にはテキストに記載されてないような論点が出題されることもあります。しかし、簿記1級は得点調整（傾斜配点）がなされると言われます。具体的には、試験が難しく受験生の多くが点数を取れなかった場合、正答率が低い問題の配点は小さくなり、正答率が高い問題の配点が大きくなるよう調整されます。このため、難しい問題をいかに正答するかよりも、正答すべき基本的な問題をいかに失点しないかが大事な試験と言えます。

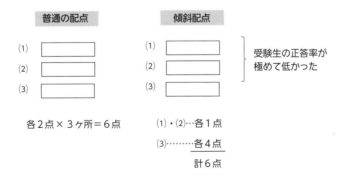

特徴3　理論問題も出題されるが、計算問題を最優先で！

　簿記1級では計算問題（金額を解答する問題）だけでなく、理論問題（文章の正誤を判定する問題や語句補充問題）も出題されます。理論の出題範囲は幅広く、完璧な対応は不可能に近いです。しかし、配点は計算問題の方が多く、また、計算問題が解ければ正答できるレベルの理論問題も多いです。そのため、計算問題をしっかり解けるようにすることを最大限意識して学習するようにしましょう。

2．短期で確実に合格するために！

① 　CPAラーニングの動画を見る！

　　簿記１級は内容的にも分量的にも、独学で合格を目指すのは非常に大変です。合格への最短ルートは、講義動画を見ることです。CPAラーニングでは、CPA会計学院の人気講師が本テキストを使用してわかりやすく講義しています。講義は、「商業簿記・会計学」と「工業簿記・原価計算」の２つありますが、並行して学習することをおすすめします。

② 　重要度を意識する！

　　本書は「論点の説明→例題で確認」という構成にしていますが、全ての例題に重要度を明示しています。簿記１級は試験範囲が広く、網羅的に学習することは非常に大変です。また、得点調整が行われる可能性も考慮すると、難しい論点に勉強時間を充てるのは非効率な勉強とも言えます。効率的に学習するために、重要度を活用して下さい。

重要度Ａ	どんな方も解けるようにすべき論点
重要度Ｂ	基本的に解けるようにすべきだが、余裕がない方はやらなくてよい論点
重要度Ｃ	余裕がある方のみ解けるようにすべき論点

　　基本的には重要度Ｂまでをしっかりと復習して、正答できる力を身につけるのがおすすめです。

　　もし、時間がない方は重要度Ａまでをしっかりとやって、簡単な論点のみ重要度Ｂまで手を出すようにして下さい。

③ 　計算問題をスラスラ解けるようにする！

　　上述の通り、簿記１級では理論問題も出題されますが、合格への最短ルートは計算問題をできるようにすることです。計算問題は１回復習しただけではスラスラ解けるようにはなりません。講義後、最低でも３回は例題を解くようにしましょう。

	タイミング	ここに注意！
１回目	講義後すぐに	講義を聞いただけでは解けないので、最初は解答解説を見ながらやりましょう。その後に、解答解説を見ずに自力で解いてみるようにして下さい。
２回目	１回目の復習の３日後	３日しか経ってなくても結構忘れてるので、解けなくなってるかもしれません。でも、それで大丈夫です。知識は、「忘れかけた頃に思い出す」ことで身についていくものだからです。
３回目	２回目の復習の１週間後	３回目なので論点によってはスラスラ解けるかもしれません。ただ、やっぱりすっかり忘れて解けないことも多いです。でも、それで大丈夫です。知識は、「忘れかけた頃に思い出す」ことで身についていくものだからです。

　　また、３回目以降も継続して復習するようにして下さい。１ヶ月〜1.5ヶ月おきに復習するのがおすすめです。３回目の復習で完璧に解けるようになったとしても、時間の経過によりだんだんと忘れてしまうので解けなくなってるかもしれません。でも、それで大丈夫です。知識は、「忘れかけた頃に思い出す」ことで身についていくものだからです。

④　基礎固めを大事にする！

　簿記1級では応用的な問題も出題されます。応用的な問題は無限にパターンがあるので、全てのパターンを事前に演習することは不可能です。では、応用問題への対応力はどのように身につけるのでしょうか？

　それは、基礎を徹底的に固めることです。基礎固めこそが応用力獲得の一番の近道です。そして、そのために例題を何回も反復するようにして下さい。

　何回も反復すると解答数字を覚えてしまうかもしれません。しかし例題で大事なのは、解答数字を算定することよりも、「自分が何を分かっていて、何が分かってないのか」を明確にすることです。例題が解けなかったり、解けたけど解き方でちょっと迷ったり、問題文の意味が読み取れなかったり、ちょっとした勘違いをしたり、などなどスラスラ解けないことがあるはずです。

　ちょっとでもスラスラ解けなかったら、そこは理解不足・定着不足という認識を持つようにして下さい。基礎をしっかりと固め、理解不足や定着不足をゼロに近づけることで合格に近づいていきます。

理解するためのコツ〜自分に問いかけてみよう〜

　・なぜそうするのかを説明できる？
　・似た論点の違いがわかってる？
　・問題文の指示の意味がわかってる？（問題文読まずに、単にその例題の解き方を覚えちゃってない？）
　・計算式の意味がわかっている？（単に計算式を公式のように覚え、そこに数値を当てはめるだけになっていない？）

⑤　講義を受講し終えたらあとは総復習！

　講義が全部終わってからは総復習の段階に入ります。全範囲を学習してみると、簿記1級の試験範囲の広さが実感でき、多くのことを学習してきたことがわかるでしょう。それは「全範囲を勉強したぞ」という自信にもつながりますが、一方で、試験範囲の広さを目の当たりにして自信をなくすかもしれません。

　しかし、講義が全部終わったのなら合格まであと一歩です。合格できるかどうかは、講義を受講し終えてからの総復習にかかっています。まだ完全に身についてない論点を再度復習し、穴を一つひとつ埋めていきましょう。また、完全に身についた論点についても、忘れてしまっていないかという点を確認するようにして下さい。

　これを繰り返すことで、基礎が固まり、合格するための力を身につけることができます。簿記1級は合格率の低い試験ではありますが、難しい問題を解けるようにしないと受からない試験ではありません。

　講義が終われば合格まであと少しです。合格に向けて総復習、頑張って下さい。

■日商簿記検定1級について

試験概要

受験資格	なし
試験形式	年2回のペーパー試験
申込期日	受験日の約2か月前から約1か月間 （受験希望地の商工会議所によって、申込期日や申し込み方法は異なる）
受験日	6月中旬（第2日曜日）、11月下旬（第3日曜日）
受験料	税込7,850円
試験科目	商業簿記・会計学・工業簿記・原価計算
試験時間	商業簿記・会計学（90分） 工業簿記・原価計算（90分） 合計180分（途中休憩あり）
合格基準	70%以上 ただし、1科目ごとの得点は40%以上
合格発表日	受験後、約1か月後に発表（商工会議所により異なる）
筆記用具について	試験では、HBまたはBの黒鉛筆、シャープペン、消しゴムが使用可 （ラインマーカー、色鉛筆、定規等は使用不可）
計算器具について	電卓の持ち込み可（ただし、計算機能（四則演算）のみのものに限り、例えば、次の機能があるものは持ち込み不可。印刷（出力）機能、メロディー（音の出る）機能、プログラム機能（例）：関数電卓等の多機能な電卓、辞書機能（文字入力を含む）ただし、次のような機能は、プログラム機能に該当しないものとして、試験会場での使用を可とします。日数計算、時間計算、換算、税計算、検算（音のでないものに限る）
合格率	10%前後であることが多い

※　本書の刊行時のデータです。最新の情報は商工会議所のWEBサイトをご確認ください。（https://www.kentei.ne.jp/bookkeeping）

■書籍の訂正及び試験の改正情報について

発行後に判明した誤植や試験の改正については、下記のURLに記載しております。

cpa-learning.com/correction-info

目　次

第32章　連結退職給付

第33章　在外支店

第34章　在外子会社

第35章　個別キャッシュ・フロー計算書

第36章　連結キャッシュ・フロー計算書

第37章　セグメント情報

第38章　企業結合会計

第39章　事業分離会計

第40章　1株当たり情報

第**30**章

持分法会計

第1節 総論

1 持分法と連結の比較

連結会計は、連結財務諸表を作成するに当たって、各会社の個別財務諸表を勘定科目ごとに合算するため「完全連結」といわれる。

一方、持分法会計は、各会社の個別財務諸表を合算せず、貸借対照表の投資勘定※及び損益計算書の「持分法による投資損益」を用いて、持分法適用会社に対する投資会社の持分相当額を連結財務諸表に反映するため、「一行連結」といわれる。

このように連結会計と持分法会計では、連結財務諸表上で開示される項目に差異があるものの、**当期純損益及び純資産に与える影響は原則同一である**。

※ 投資勘定は「投資有価証券」勘定の他、「関係会社株式」や「関連会社株式」もあるが、本テキストでは「投資有価証券」を用いる。

具体例 連結会計と持分法会計の比較

〔前提条件〕

P社(投資会社)の収益　30,000円　　A社(持分法適用会社)の収益　15,000円　　持分比率　30%

費用　20,000円　　　　　　　　　　　費用　10,000円

利益　10,000円　　　　　　　　　　　利益　5,000円

〔連結会計〕

連結会計の場合、各社の損益計算書を合算し、非支配株主に帰属する当期純利益を控除する。

(借) 非支配株主に帰属する当期純損益	3,500	(貸) 非支配株主持分-当期変動額	3,500

※ 5,000 (A社利益) ×70% (非持比率) = 3,500

連 結 損 益 計 算 書

諸　　　費　　　用	30,000	諸　　　収　　　益	45,000
非支配株主に帰属する当期純利益	3,500		
親会社株主に帰属する当期純利益	11,500※		

※ 10,000 (P社利益) + 5,000 (A社利益) − 3,500 (非支配株主に帰属する当期純利益) = 11,500

〔持分法会計〕

持分法会計の場合、持分法適用会社の損益計算書を合算せず、持分法による投資利益を加算する。

(借) 投 資 有 価 証 券	1,500	(貸) 持分法による投資損益	1,500

※ 5,000 (A社利益) ×30% (持分比率) = 1,500

連 結 損 益 計 算 書

諸　　　費　　　用	20,000	諸　　　収　　　益	30,000
親会社株主に帰属する当期純利益	11,500※	持分法による投資利益	1,500

※ 10,000 (P社利益) + 1,500 (持分法による投資利益) = 11,500

2　持分法の適用範囲

　非連結子会社及び関連会社に対する投資については、原則として持分法を適用しなければならない。非連結子会社と関連会社を合わせて、持分法適用会社という。なお、本テキストにおいて持分法適用会社は関連会社を前提として説明する。

3　関連会社および非連結子会社の意義

　関連会社とは、企業が、出資・人事・資金・技術・取引等の関係を通じて、子会社以外の他の会社の財務及び営業の方針決定に対して重要な影響を与えることができる場合における当該子会社以外の会社をいう。例えば、ある会社の議決権の20％以上、50％以下の株式を所有している場合、当該会社は関連会社に該当する。

　また、非連結子会社とは、子会社のうち、重要性が乏しいものをいう。

第2節 会計処理

1 利益又は損失

投資会社は投資日以降における持分法適用会社の利益又は損失のうち、投資会社の持分に相当する額について、「**投資有価証券**」を増額又は減額し、当該増減額を「**持分法による投資損益（営業外損益）**」として親会社株主に帰属する当期純利益の計算に含める。

（借）投 資 有 価 証 券	×××　　（貸）持分法による投資損益	×××

> ※　持分法適用会社の当期純利益×持分比率
> ※1　持分法適用仕訳は、個別財務諸表に反映されず、連結精算表上で行う。
> ※2　前期以前の損益の場合、「持分法による投資損益」を「利益剰余金−当期首残高」とする。

2 のれん又は負ののれん

投資会社の投資日における投資とこれに対応する持分法適用会社の資本との間に差額がある場合は、当該差額をのれん又は負ののれん発生益とし、のれんは投資に含めて処理する。

のれんを償却する場合は投資額を減額し、負ののれん発生益は発生時に全額を投資額の増額とする。また、当該増減額を「持分法による投資損益」勘定に計上し、親会社株主に帰属する当期純利益の計算に含める。

〔のれんの償却〕

（借）持分法による投資損益	×××　　（貸）投 資 有 価 証 券	×××

〔負ののれん発生益〕

（借）投 資 有 価 証 券	×××　　（貸）持分法による投資損益	×××

3 剰余金の配当

持分法適用会社から配当金を受け取った場合、当該配当金に相当する額を**投資額から減額**し、投資会社が計上している「**受取配当金**」を消去する。「持分法による投資損益」ではなく「受取配当金」の消去とするのは、投資会社が計上している項目を優先して消去するためである。

（借）受 取 配 当 金	×××　　（貸）投 資 有 価 証 券	×××

■ 例題 1　基本的な会計処理　　　　　　　　　　　　　重要度 B

以下の資料に基づき、各問に答えなさい。

(1)　P社は×4年3月31日にA社株式の40％を82,000円で取得し、A社を持分法適用関連会社とした。

(2)　P社及びA社の資本勘定の推移は次のとおりである。

	P 社		A 社	
	資本金	利益剰余金	資本金	利益剰余金
×4年3月31日	500,000円	200,000円	150,000円	47,000円
×5年3月31日	500,000円	250,000円	150,000円	53,000円
×6年3月31日	500,000円	320,000円	150,000円	58,500円

(3)　のれんは発生年度の翌期から10年間にわたり定額法により償却する。

(4)　A社の利益剰余金の配当は次のとおりである。なお、P社において剰余金の配当は行われていない。

配当日	配当金
×4年6月25日	8,000円
×5年6月25日	10,500円

(5)　P社の損益計算書に計上されている受取配当金は次のとおりである。

　　×5年3月期　　50,000円
　　×6年3月期　　40,000円

(6)　税効果会計は考慮しない。

問1　×5年3月期の連結財務諸表に計上される下記項目の金額を答えなさい。
問2　×6年3月期の連結財務諸表に計上される下記項目の金額を答えなさい。

連結損益計算書：受取配当金、持分法による投資利益、親会社株主に帰属する当期純利益

連結貸借対照表：投資有価証券、利益剰余金

■ 解答解説（単位：円）|||||||||||||||||||||||||||||||||||||||||||||||||||||||||||||||||

1．タイム・テーブル

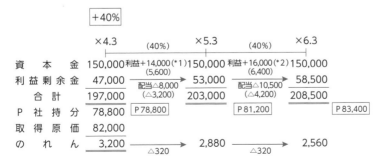

(*1) 前期利益：53,000（×5.3利益剰余金）－47,000（×4.3利益剰余金）＋8,000（前期配当）＝14,000

(*2) 当期利益：58,500（×6.3利益剰余金）－53,000（×5.3利益剰余金）＋10,500（当期配当）＝16,000

2．×5年3月期

(1) ×4年3月31日ののれんの算定

82,000（取得原価）− 78,800（P社持分）= 3,200

(2) 利益の計上

（借）投 資 有 価 証 券	5,600	（貸）持分法による投資損益	5,600

※ 14,000（A社利益）× 40%（P社比率）= 5,600

(3) 剰余金の配当の修正

（借）受 取 配 当 金	3,200	（貸）投 資 有 価 証 券	3,200

※ 8,000（A社配当）× 40%（P社比率）= 3,200

(4) のれんの償却

（借）持分法による投資損益	320	（貸）投 資 有 価 証 券	320

※ 3,200（のれん計上額）÷ 10年（償却年数）= 320

(5) 連結財務諸表計上額（問1 の解答）

受取配当金：50,000（P社）− 3,200（受取配当金）= 46,800

持分法による投資利益：5,600（利益の計上）− 320（のれん償却額）= 5,280

親会社株主に帰属する当期純利益：50,000（P社）+ 5,600（利益の計上）

− 3,200（受取配当金）− 320（のれん償却額）= 52,080

投資有価証券（持分法評価額）：82,000（取得原価）+ 5,600（利益の計上）

− 3,200（受取配当金）− 320（のれん償却額）= 84,080

利益剰余金：250,000（P社）+ 5,600（利益の計上）− 3,200（受取配当金）− 320（のれん償却額）= 252,080

3．×6年3月期

(1) 開始仕訳

① 前期利益の計上

（借）投 資 有 価 証 券	5,600	（貸）利益剰余金−当期首残高	5,600

② 前期剰余金の配当の修正

（借）利益剰余金−当期首残高	3,200	（貸）投 資 有 価 証 券	3,200

③ 前期のれんの償却

（借）利益剰余金−当期首残高	320	（貸）投 資 有 価 証 券	320

④ 開始仕訳（上記仕訳の合算）

（借）投 資 有 価 証 券	2,080	（貸）利益剰余金−当期首残高	2,080

(2) 当期利益の計上

(借) 投 資 有 価 証 券	6,400	(貸) 持分法による投資損益	6,400

  ※ 16,000（A社当期利益）×40%（P社比率）＝6,400

(3) 当期剰余金の配当の修正

(借) 受 取 配 当 金	4,200	(貸) 投 資 有 価 証 券	4,200

  ※ 10,500（A社当期配当）×40%（P社比率）＝4,200

(4) 当期のれんの償却

(借) 持分法による投資損益	320	(貸) 投 資 有 価 証 券	320

(5) 連結財務諸表計上額（問2の解答）

受取配当金：40,000（P社）－4,200（受取配当金）＝35,800

持分法による投資利益：6,400（利益の計上）－320（のれん償却額）＝6,080

親会社株主に帰属する当期純利益：70,000（P社）＋6,400（利益の計上）

  －4,200（受取配当金）－320（のれん償却額）＝71,880

投資有価証券（持分法評価額）：82,000（取得原価）＋2,080（開始仕訳）＋6,400（利益の計上）

  －4,200（受取配当金）－320（のれん償却額）＝85,960

利益剰余金：320,000（P社）＋2,080（開始仕訳）＋6,400（利益の計上）－4,200（受取配当金）

  －320（のれん償却額）＝323,960

4．資本をベースに持分法評価額を算定する方法

×4年3月31日：197,000（資本合計）×40%（P社比率）＋3,200（のれん計上額）＝82,000

×5年3月31日：203,000（資本合計）×40%（P社比率）＋2,880（のれん未償却残高）＝84,080

×6年3月31日：208,500（資本合計）×40%（P社比率）＋2,560（のれん未償却残高）＝85,960

参考 一部売却

仮に、例題1において、「×6年3月31日にP社がA社株式の10%を25,000円で売却した」という場合、連結修正仕訳（持分法適用仕訳）は次のようになる。

〔個別上の仕訳〕

(借) 現 金 預 金	25,000	(貸) 投 資 有 価 証 券	20,500※1
		関連会社株式売却益	4,500※2

  ※1 投資有価証券：82,000(40%分取得原価)÷40%×10%(売却割合)＝20,500
  ※2 関連会社株式売却益：4,500(差額)

〔連結上あるべき仕訳〕

(借) 現 金 預 金	25,000	(貸) 投 資 有 価 証 券	21,490※1
		関連会社株式売却益	3,510※2

  ※1 投資有価証券：85,960(40%持分法評価額)÷40%×10%(売却割合)＝21,490
  ※2 関連会社株式売却益：3,510(差額)
  (注) 子会社株式の一部売却と異なり、資本取引ではないため、売却損益を資本剰余金とはしない。

〔連結修正仕訳〕

(借) 関連会社株式売却益	990	(貸) 投 資 有 価 証 券	990

この結果、連結財務諸表計上額は次のようになる。

  関連会社株式売却益：4,500（個別上計上額）－990（修正仕訳）＝3,510（連結上のあるべき額）

  投資有価証券：85,960(40%持分法評価額)÷40%×30%(期末保有割合)＝64,470

4 持分法適用会社の資産及び負債の時価評価

　持分法の適用に当たっては、持分法の適用日において、持分法適用会社の資産及び負債を時価により評価し、評価差額は、持分法適用会社の資本とする。なお、評価差額は税効果会計の対象となる。

　持分法会計においては、全面時価評価法を採用している連結会計と異なり、**部分時価評価法**を採用している。

　部分時価評価法とは関連会社の資産及び負債のうち、投資会社の**持分に相当する部分**については株式の**取得日ごとに当該日における時価により評価**し、投資会社の**持分以外の部分**については持分法適用会社の**個別貸借対照表上の金額による**方法をいう。

　なお、持分法会計においては、財務諸表の合算及び投資と資本の相殺消去を行わないため、**評価差額計上の仕訳（税効果含む）は行わない。**

参考 取得関連費用

　持分法会計においては、取得関連費用を投資原価に含める。よって、持分法会計の適用に当たり、取得関連費用に関しての調整は不要である。

連結子会社の場合	取得関連費用は，発生した連結会計年度の費用として処理する
持分法適用会社の場合	取得関連費用は，投資原価に含める

■ 例題2　資産及び負債の時価評価（税効果会計）　重要度B

　以下の資料に基づき、×5年3月期の連結財務諸表に計上される持分法による投資利益、投資有価証券の金額を答えなさい。

(1)　P社は×4年3月31日にA社株式の20%を12,540円で取得し、A社を持分法適用関連会社とした。

(2)　A社の資本勘定の推移は次のとおりである。

	資本金	利益剰余金
×4年3月31日	30,000円	25,000円
×5年3月31日	30,000円	29,000円

(3)　×4年3月31日におけるA社の土地（簿価90,000円）の時価は92,000円である。

(4)　のれんは発生年度の翌期から10年間にわたり定額法により償却する。

(5)　法定実効税率は40%である。

(6)　剰余金の配当は行われていない。

■ 解答解説（単位：円） ||||||||||||||||||||||||||||||||||||||||||||||||||||||||||||||||||||||||||||||||

1．タイム・テーブル

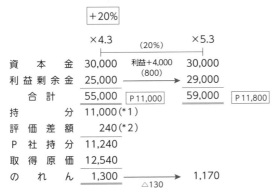

(*1) 持分：55,000（×4.3資本合計）×20%（×4.3取得）＝11,000

(*2) 評価差額：{92,000（時価）－90,000（簿価）}×20%（×4.3取得）×{1－40%（税率）}＝240

2．持分法適用仕訳

(1)　×4年3月31日ののれんの算定

　　12,540（取得原価）－11,240（P社持分）＝1,300

(2)　利益の計上

（借）投 資 有 価 証 券	800	（貸）持分法による投資損益	800

　　※　4,000（A社利益）×20%（P社比率）＝800

(3)　のれんの償却

（借）持分法による投資損益	130	（貸）投 資 有 価 証 券	130

　　※　1,300（のれん計上額）÷10年（償却年数）＝130

3．連結財務諸表計上額

    持分法による投資利益：800（利益の計上）－130（のれん償却額）＝670

    投資有価証券（持分法評価額）：12,540（取得原価）＋800（利益の計上）－130（のれん償却額）＝13,210

4．資本をベースに持分法評価額を算定する方法

    ×4年3月31日：55,000（資本合計）×20％（P社比率）＋240（評価差額）＋1,300（のれん計上額）＝12,540

    ×5年3月31日：59,000（資本合計）×20％（P社比率）＋240（評価差額）＋1,170（のれん未償却残高）＝13,210

第3節 持分法会計から連結会計への移行

　持分法適用会社株式を追加取得することによって、連結会計適用会社へ移行する場合、支配獲得時において、評価差額を計上し直し、それに基づきのれんを認識し直すことになる。よって、持分法適用時の評価差額及びのれんは、引き継がないことになる。

　また、持分法会計から連結会計へ移行した場合、親会社の子会社に対する投資額は、支配獲得時の時価とされるため、支配獲得時の時価と持分法評価額との差額を「段階取得に係る差損益」として計上する。

〔評価差額の計上〕

| (借) | 諸 資 産 | ××× | (貸) | 評 価 差 額 | ××× |

　　※　支配獲得日の時価に基づく評価差額

〔段階取得に係る差損益の計上〕

| (借) | 子 会 社 株 式 | ××× | (貸) | 段階取得に係る差損益 | ××× |

　　※　支配獲得時の時価と持分法評価額の差額

〔投資と資本の相殺消去〕

(借)	資　　本　　金	×××[1]	(貸)	子 会 社 株 式	×××[2]
	利 益 剰 余 金	×××[1]		非 支 配 株 主 持 分	×××[4]
	評 価 差 額	×××			
	の　　れ　　ん	×××[3]			

　　※1　支配獲得日の子会社の資本の金額
　　※2　支配獲得時の時価
　　※3　支配獲得日にすべて認識し直す
　　※4　支配獲得時の子会社の資本の金額（評価差額含む）×非持比率

■ 例題3　持分法から連結への移行

以下の資料に基づき、×5年3月期の連結財務諸表を作成しなさい。

(1)　P社は×3年3月31日にA社株式の30％を35,000円で取得し、A社を持分法適用関連会社とした。

(2)　P社は×4年3月31日にA社株式の50％を67,000円で取得し、A社を子会社とした。

(3)　A社の資本勘定の推移は次のとおりである。

	資本金	利益剰余金
×3年3月31日	80,000円	25,000円
×4年3月31日	80,000円	38,000円

(4)　A社の土地（簿価50,000円）の×3年3月31日の時価は55,000円、×4年3月31日の時価は60,000円である。

(5)　×5年3月期におけるP社及びA社の財務諸表は次のとおりである。

損 益 計 算 書

×4年4月1日～×5年3月31日　　　　　　　（単位：円）

科　　　　　目	P　　社	A　　社	科　　　　　目	P　　社	A　　社
諸 費 用	150,000	40,000	諸 収 益	190,000	50,000
当 期 純 利 益	40,000	10,000			
	190,000	50,000		190,000	50,000

貸 借 対 照 表

×5年3月31日現在　　　　　　　（単位：円）

科　　　　　目	P　　社	A　　社	科　　　　　目	P　　社	A　　社
諸 資 産	498,000	200,000	諸 負 債	200,000	122,000
土 地	200,000	50,000	資 本 金	300,000	80,000
A 社 株 式	102,000	―	利 益 剰 余 金	300,000	48,000
	800,000	250,000		800,000	250,000

(6)　のれんは発生年度の翌期から10年間にわたり定額法により償却する。

(7)　剰余金の配当は行われていない。

(8)　税効果会計は考慮しない。

■ 解答解説（単位：円）||||||||||||||||||||||||||||||||||||||||||||||||||||||||||||||||||||||||||||||||||||||||

1．タイム・テーブル

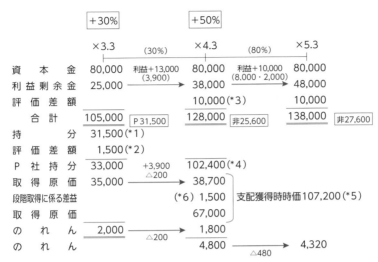

(*1) 持分：105,000（×3.3資本合計）×30%（×3.3取得）＝31,500

(*2) 評価差額：{55,000（×3.3時価）－50,000（簿価）}×30%（×3.3取得）＝1,500

(*3) 評価差額：60,000（×4.3時価）－50,000（簿価）＝10,000

(*4) P社持分：128,000（×4.3資本合計）×80%（×4.3持分）＝102,400

(*5) ×4.3時価：67,000（50%分取得原価）÷50%（×4.3取得）×80%（×4.3持分）＝107,200

(*6) 段階差益：107,200（X4.3時価*5）－{38,700（×4.3持分法）＋67,000（50%分取得原価）}＝1,500

2．評価差額の計上

（借）土	地	10,000	（貸）評	価	差	額	10,000

※　60,000（X4.3時価）－50,000（簿価）＝10,000

※　支配獲得時に評価差額を認識し直す。

3．連結修正仕訳等

(1) 開始仕訳

①　×3年3月31日ののれんの算定

35,000（取得原価）－33,000（P社持分）＝2,000

②　前期利益の計上

（借）A　社　株　式	3,900	（貸）利益剰余金－当期首残高	3,900

※　13,000（A社前期利益）×30%（P社比率）＝3,900

③　前期のれんの償却

（借）利益剰余金－当期首残高	200	（貸）A　社　株　式	200

※　2,000（のれん計上額）÷10年（償却年数）＝200

④　段階取得に係る差益の計上

（借）A　社　株　式	1,500	（貸）利益剰余金－当期首残高	1,500

※　段階取得に係る差益：107,200（X4.3時価*1）－105,700（持分法上の簿価*2）＝1,500

※1　X4.3時価：67,000（50%分取得原価）÷50%（X4.3取得）×80%（X4.3持分）＝107,200

※2　持分法上の簿価：102,000（取得原価合計）＋3,900（利益の計上）－200（のれん償却額）＝105,700

又は

67,000（50%分取得原価）＋38,700（30%分持分法評価額）＝105,700

⑤　投資と資本の相殺消去

（借）資　本　金 – 当期首残高	80,000	（貸）Ａ　社　株　式	107,200※1
利益剰余金 – 当期首残高	38,000	非支配株主持分 – 当期首残高	25,600※3
評　価　差　額	10,000		
の　　れ　　ん	4,800※2		

　※1　Ａ社株式：107,200（X4.3時価）

　※2　のれん：107,200（Ａ社株式）－ 128,000（X4.3資本合計）× 80％（Ｐ社比率）＝ 4,800

　※3　非支配株主持分：128,000（X4.3資本合計）× 20％（非持比率）＝ 25,600

⑥　開始仕訳（上記仕訳の合算）

（借）資　本　金 – 当期首残高	80,000	（貸）Ａ　社　株　式	102,000※1
利益剰余金 – 当期首残高	32,800※2	非支配株主持分 – 当期首残高	25,600
評　価　差　額	10,000		
の　　れ　　ん	4,800		

　※1　Ａ社株式：3,900（前期利益の計上）－ 200（前期のれん償却額）＋ 1,500（段階差益）－ 107,200（X4.3時価）＝ 102,000

　※2　利益剰余金：3,900（前期利益の計上）－ 200（前期のれん償却額）＋ 1,500（段階差益）－ 38,000（相殺）＝ 32,800

(2)　当期の連結修正仕訳

①　当期利益の按分

（借）非支配株主に帰属する当期純損益	2,000	（貸）非支配株主持分 – 当期変動額	2,000

　※　10,000（Ａ社当期利益）× 20％（非持比率）＝ 2,000

②　当期のれんの償却

（借）の　れ　ん　償　却　額	480	（貸）の　　れ　　ん	480

　※　4,800（のれん計上額）÷ 10年（償却年数）＝ 480

4．連結財務諸表

連結損益計算書
×4年4月1日～×5年3月31日

諸　　　費　　　用	190,000	諸　　　収　　　益	240,000
の れ ん 償 却 額	480		
非支配株主に帰属する当期純利益	2,000		
親会社株主に帰属する当期純利益	47,520 ※1		
	240,000		240,000

※1　40,000（P社）＋8,000（当期取得後剰余金）－480（当期のれん償却額）＝47,520

連結貸借対照表
×5年3月31日現在

諸　　資　　産	698,000	諸　　負　　債	322,000
土　　　　　地	260,000 ※2	資　　本　　金	300,000
の　　れ　　ん	4,320 ※3	利　益　剰　余　金	312,720 ※4
		非 支 配 株 主 持 分	27,600 ※5
	962,320		962,320

※2　200,000（P社）＋50,000（A社）＋10,000（評価差額）＝260,000
※3　4,800（のれん計上額）×9年（未償却年数）／10年（償却年数）＝4,320
※4　300,000（P社）＋3,900（前期利益の計上）－200（前期のれん償却額）
　　　　　　　　　　　　＋1,500（段階差益）＋8,000（当期取得後剰余金）－480（当期のれん償却額）＝312,720
※5　138,000（X5.3資本合計）×20％（非持比率）＝27,600

参考 **連結会計から持分法会計への移行**

子会社株式を売却することにより、連結会計から持分法会計に移行することがある。例えば、「当期末の一部売却によりA社への持分
比率が80％から30％になる場合」が該当する。
この場合、当期末時点では連結会計ではなく、持分法会計であるため、当期末の貸借対照表は合算しない（当期中は連結会計であるため、
損益計算書は合算する）。そのうえで、当期末の連結貸借対照表にはA社株式が持分法評価額で計上される。具体的な計上額は、当初
から30％持分法を適用した場合の金額（資本合計×30％＋30％ベースの評価差額＋30％ベースののれん未償却残高）となる。

　持分法適用会社が計上しているその他有価証券評価差額金等は、取得後の**毎期の増減額**を投資会社持分比率について計上し、**投資勘定を増減させる**。すなわち、その他有価証券評価差額金は、取得後剰余金と同様の取扱いをする。

（借）投 資 有 価 証 券	×××	（貸）その他有価証券評価差額金－当期変動額	×××

■ 例題4　その他有価証券評価差額金

重要度C

　以下の資料に基づき、×6年3月期の連結財務諸表に計上される投資有価証券、その他有価証券評価差額金の金額を答えなさい。

(1)　P社は×4年3月31日にA社株式の30％を22,150円で取得し、A社を持分法適用関連会社とした。

(2)　A社の資本勘定の推移は次のとおりである。

	資本金	利益剰余金	その他有価証券評価差額金
×4年3月31日	50,000円	18,000円	1,500円
×5年3月31日	50,000円	24,000円	2,000円
×6年3月31日	50,000円	32,000円	2,800円

(3)　のれんは発生年度の翌期から10年間にわたり定額法により償却する。

(4)　その他有価証券の売買は行われていないものとする。

(5)　税効果会計は考慮しない。

(6)　剰余金の配当は行われていない。

(7)　×6年3月期のP社の貸借対照表には、その他有価証券評価差額金が10,000円計上されている。

■ 解答解説（単位：円）

1．タイム・テーブル

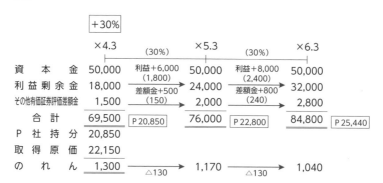

2．持分法適用仕訳

(1)　×4年3月31日ののれんの算定

22,150（取得原価）－ 20,850（P社持分）＝ 1,300

(2)　開始仕訳

①　前期利益の計上

（借）投 資 有 価 証 券	1,800	（貸）利益剰余金 – 当期首残高	1,800

※　6,000（A社前期利益）×30％（P社比率）＝ 1,800

②　前期その他有価証券評価差額金の計上

（借）投 資 有 価 証 券	150	（貸）その他有価証券評価差額金 – 当期首残高	150

※　500（前期差額金増加額）×30％（P社比率）＝ 150

③　前期のれんの償却

（借）利益剰余金 – 当期首残高	130	（貸）投 資 有 価 証 券	130

※　1,300（のれん計上額）÷10年＝ 130

④　開始仕訳（上記仕訳の合算）

（借）投 資 有 価 証 券	1,820	（貸）利益剰余金 – 当期首残高	1,670
		その他有価証券評価差額金 – 当期首残高	150

(3)　当期利益の計上

（借）投 資 有 価 証 券	2,400	（貸）持 分 法 に よ る 投 資 損 益	2,400

※　8,000（A社当期利益）×30％（P社比率）＝ 2,400

(4)　当期その他有価証券評価差額金の計上

（借）投 資 有 価 証 券	240	（貸）その他有価証券評価差額金 – 当期変動額	240

※　800（当期差額金増加額）×30％（P社比率）＝ 240

(5)　当期のれんの償却

（借）持 分 法 に よ る 投 資 損 益	130	（貸）投 資 有 価 証 券	130

3．連結財務諸表計上額

投資有価証券（持分法評価額）：22,150（取得原価）＋ 1,820（開始仕訳）＋ 2,400（利益の計上）

＋ 240（差額金計上）－ 130（のれん償却額）＝ 26,480

その他有価証券評価差額金：10,000（P社）＋ ｛2,800（X6.3差額金）－ 1,500（X4.3差額金）｝

×30％（P社比率）＝ 10,390

4．資本をベースに持分法評価額を算定する方法

×4年3月31日：69,500（資本合計）×30％（P社比率）＋ 1,300（のれん計上額）＝ 22,150

×5年3月31日：76,000（資本合計）×30％（P社比率）＋ 1,170（のれん未償却残高）＝ 23,970

×6年3月31日：84,800（資本合計）×30％（P社比率）＋ 1,040（のれん未償却残高）＝ 26,480

第5節　未実現利益

1　消去額の算定

　　持分法会計においては、個別財務諸表の合算を行わないため、**相殺消去の仕訳は必要ない**。ただし、持分法適用会社との取引において未実現利益が発生している場合は、**未実現利益を消去する**。なお、消去する範囲は投資会社持分相当額となる。ダウンストリームの場合における関連会社に対する未実現利益について投資会社持分相当額を消去する根拠は、他の支配株主又は主要株主が存在するか、あるいは共同支配を行っているため、**未実現利益のうち第三者の持分部分については実現したものと考えられる**ためである。

> 未実現利益の消去額 ＝ 未実現利益 × 投資会社持分相当割合

2　ダウンストリーム

　　以下、商品売買を前提に未実現利益について説明する。

(1)　期末未実現利益の消去

　　ダウンストリームの場合、投資会社が計上している未実現利益に関連する損益項目（売上高等）を優先して修正する。

| （借）売　　　上　　　高 | ××× | （貸）投 資 有 価 証 券 | ××× |

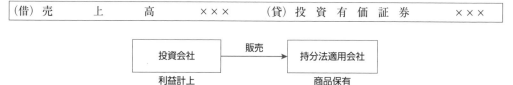

(2)　期首未実現利益の消去及び実現

〔期首未実現利益の消去〕

| （借）利益剰余金 – 当期首残高 | ××× | （貸）投 資 有 価 証 券 | ××× |

〔未実現利益の実現〕

| （借）投 資 有 価 証 券 | ××× | （貸）売　　　上　　　高 | ××× |

〔上記仕訳の合算〕

| （借）利益剰余金 – 当期首残高 | ××× | （貸）売　　　上　　　高 | ××× |

3　アップストリーム

以下、商品売買を前提に未実現利益について説明する。

⑴　期末未実現利益の消去

アップストリームの場合、投資会社が計上している未実現利益に関連する資産項目（商品等）を優先して修正する。

（借）持分法による投資損益	×××	（貸）商　　　　品	×××

⑵　期首未実現利益の消去及び実現

〔期首未実現利益の消去〕

（借）利益剰余金－当期首残高	×××	（貸）商　　　　品	×××

〔未実現利益の実現〕

（借）商　　　　品	×××	（貸）持分法による投資損益	×××

〔上記仕訳の合算〕

（借）利益剰余金－当期首残高	×××	（貸）持分法による投資損益	×××

■ 例題5　未実現利益①（商品・ダウンストリーム）

以下の資料に基づき、必要な持分法適用仕訳を示しなさい。

(1) P社はA社株式の30％を保有し、A社を持分法適用関連会社としている。

(2) A社の保有する商品のうち、P社から仕入れたものは次のとおりである。なお、売上総利益率は20％であり、毎年一定である。

期首商品棚卸高：4,000円

期末商品棚卸高：5,000円

(3) 税効果会計は考慮しない。

■ 解答解説（単位：円）

1. 期首未実現利益の消去及び実現

(1) 期首未実現利益の消去

（借）利益剰余金－当期首残高	240	（貸）投資有価証券	240

※　4,000（期首商品）×20％（利益率）×30％（P社比率）＝240

(2) 期首未実現利益の実現

（借）投資有価証券	240	（貸）売上高	240

(3) 上記仕訳の合算

（借）利益剰余金－当期首残高	240	（貸）売上高	240

2. 期末未実現利益の消去

（借）売上高	300	（貸）投資有価証券	300

※　5,000（期末商品）×20％（利益率）×30％（P社比率）＝300

参考　アップストリームの場合

1. 期首未実現利益の消去及び実現

(1) 期首未実現利益の消去

（借）利益剰余金－当期首残高	240	（貸）商品	240

※　4,000（期首商品）×20％（利益率）×30％（P社比率）＝240

(2) 期首未実現利益の実現

（借）商品	240	（貸）持分法による投資損益	240

(3) 上記仕訳の合算

（借）利益剰余金－当期首残高	240	（貸）持分法による投資損益	240

2. 期末未実現利益の消去

（借）持分法による投資損益	300	（貸）商品	300

※　5,000（期末商品）×20％（利益率）×30％（P社比率）＝300

■ 例題6　未実現利益③（非償却性資産・ダウンストリーム）　重要度C

以下の資料に基づき、必要な持分法適用仕訳を示しなさい。

(1)　P社はA社株式の30％を保有し、A社を持分法適用関連会社としている。

(2)　当期にP社はA社へ土地（簿価20,000円）を23,000円で売却している。なお、A社は当該土地を当期末現在保有している。

(3)　税効果会計は考慮しない。

■ 解答解説（単位：円）||||||||||||||||||||||||||||||||||||||||||||||||||||||||||||||||||

〔期末未実現利益の消去〕

（借）土　地　売　却　益	900	（貸）投　資　有　価　証　券	900

※　3,000（土地売却益）×30％（P社比率）＝900

参考　翌期の持分法適用仕訳

1．企業集団外部に売却していない場合
〔期首未実現利益の消去〕

（借）利益剰余金－当期首残高	900	（貸）投　資　有　価　証　券	900

2．企業集団外部に売却している場合
(1)　期首未実現利益の消去

（借）利益剰余金－当期首残高	900	（貸）投　資　有　価　証　券	900

(2)　期首未実現利益の実現

（借）投　資　有　価　証　券	900	（貸）土　地　売　却　益	900

(3)　上記仕訳の合算

（借）利益剰余金－当期首残高	900	（貸）土　地　売　却　益	900

参考　アップストリームの場合

〔期末未実現利益の消去〕

（借）持分法による投資損益	900	（貸）土　　　　　地	900

※　3,000（土地売却益）×30％（P社比率）＝900

■ 例題7 未実現利益④（総合問題）

重要度 C

次の資料に基づき、×6年3月期の連結財務諸表に計上される持分法による投資利益、土地、投資有価証券の金額を答えなさい。

(1) P社は×4年3月31日にA社株式の35％を62,000円で取得し、A社を持分法適用関連会社とした。

(2) A社の資本勘定の推移は次のとおりである。なお、×4年3月31日時点のA社の資産及び負債には、簿価と時価に乖離はないものとする。

	資本金	利益剰余金
×4年3月31日	128,000円	44,000円
×5年3月31日	128,000円	53,000円
×6年3月31日	128,000円	66,000円

(3) ×6年3月期におけるP社のA社に対する商品販売高は96,000円であった。なお、売上総利益率は20％である。

(4) A社の期末商品棚卸高のうちP社からの仕入分は次のとおりである。

    ×5年3月31日：　5,000円
    ×6年3月31日：　6,000円

(5) P社のA社に対する売掛金の期末残高は次のとおりである。

    ×5年3月31日：　10,000円
    ×6年3月31日：　12,000円

(6) A社は×4年9月20日にP社へ土地（簿価20,000円）を23,000円で売却している。なお、P社は当該土地を期末現在保有している。

(7) のれんは発生年度の翌期から10年間にわたり定額法により償却する。

(8) 税効果会計は考慮しない。

(9) 剰余金の配当は行われていない。

(10) ×6年3月31日おけるP社の土地の貸借対照表計上額は30,000円であった。

■ 解答解説 （単位：円）||||||||||||||||||||||||||||||||||||||||||||||||||||||||||||||||||||||||||||

1. タイム・テーブル

２．持分法適用仕訳

(1)　×4年3月31日ののれんの算定

62,000（取得原価）－60,200（P社持分）＝1,800

(2)　開始仕訳

①　前期利益の計上

（借）投 資 有 価 証 券	3,150	（貸）利益剰余金－当期首残高	3,150

※　9,000（A社前期利益）×35%（P社比率）＝3,150

②　前期ののれんの償却

（借）利益剰余金－当期首残高	180	（貸）投 資 有 価 証 券	180

※　1,800（のれん計上額）÷10年（償却年数）＝180

③　開始仕訳（上記仕訳の合算）

（借）投 資 有 価 証 券	2,970	（貸）利益剰余金－当期首残高	2,970

(3)　当期利益の計上

（借）投 資 有 価 証 券	4,550	（貸）持分法による投資損益	4,550

※　13,000（A社当期利益）×35%（P社比率）＝4,550

(4)　当期のれんの償却

（借）持分法による投資損益	180	（貸）投 資 有 価 証 券	180

(5)　商品に係る期首未実現利益の消去及び実現（ダウンストリーム）

（借）利益剰余金－当期首残高	350	（貸）売 上 高	350

※　5,000（期首商品）×20%（利益率）×35%（P社比率）＝350

(6)　商品に係る期末未実現利益の消去（ダウンストリーム）

（借）売 上 高	420	（貸）投 資 有 価 証 券	420

※　6,000（期末商品）×20%（利益率）×35%（P社比率）＝420

(7)　土地に係る期首未実現利益の消去（アップストリーム）

（借）利益剰余金－当期首残高	1,050	（貸）土 地	1,050

※　3,000（土地売却益）×35%（P社比率）＝1,050

３．連結財務諸表計上額

持分法による投資利益：4,550（利益の計上）－180（のれん償却額）＝4,370

土地：30,000（P社）－1,050（土地に係る未実現利益）＝28,950

投資有価証券（持分法評価額）：62,000（取得原価）＋2,970（開始仕訳）＋4,550（利益の計上）

－180（のれん償却額）－420（商品に係る未実現利益）＝68,920

第6節　税効果会計（未実現損益）

1 ダウンストリーム

　　ダウンストリームの場合、未実現損益の消去に係る一時差異は、**投資会社**に帰属する。そのため、一時差異に係る**繰延税金資産・繰延税金負債**を連結財務諸表に計上する。

〔期末未実現利益に係る税効果仕訳〕

（借）繰 延 税 金 資 産	×××	（貸）法 人 税 等 調 整 額	×××

〔期首未実現利益に係る税効果仕訳〕

（借）法 人 税 等 調 整 額	×××	（貸）利益剰余金－当期首残高	×××

2 アップストリーム

　　アップストリームの場合、未実現損益の消去に係る一時差異は、**持分法適用会社**に帰属する。そのため、一時差異に係る**繰延税金資産・繰延税金負債**は、持分法適用会社の個別財務諸表の修正仕訳として計上され、**連結財務諸表には計上されない**。よって、連結財務諸表上では、**持分法適用会社の税効果における損益及び資本への影響額のみ**が、以下の仕訳で示される。

〔期末未実現利益に係る税効果仕訳〕

（借）投 資 有 価 証 券	×××	（貸）持分法による投資損益	×××

〔期首未実現利益に係る税効果仕訳〕

（借）持分法による投資損益	×××	（貸）利益剰余金－当期首残高	×××

■ 例題8　未実現損益⑤（税効果会計）　　　　　　　　　　　　　重要度C

次の資料に基づき、当期（×6年3月期）の連結財務諸表に計上される下記項目の金額を答えなさい。

　　連結損益計算書：売上高、持分法による投資利益、法人税等調整額

　　連結貸借対照表：商品、投資有価証券、繰延税金資産

(1)　P社は×4年3月31日にA社株式の30％を6,000円で取得し、A社を持分法適用関連会社とした。

(2)　A社の資本勘定の推移は次のとおりである。なお、×4年3月31日時点のA社の資産及び負債には、簿価と時価に乖離はないものとする。

	資本金	利益剰余金
×4年3月31日	13,000円	5,000円
×5年3月31日	13,000円	7,000円
×6年3月31日	13,000円	10,000円

(3)　前期より、P社はA社に商品を売上総利益率20％で販売している。なお、A社の期末商品棚卸高には、P社より仕入れた商品が次のとおり含まれている。

　　×5年3月31日：　　4,000円

　　×6年3月31日：　　5,000円

(4)　前期より、A社はP社に商品を売上総利益率25％で販売している。P社の期末商品棚卸高には、A社より仕入れた商品が次のとおり含まれている。

　　×5年3月31日：　　2,000円

　　×6年3月31日：　　3,000円

(5)　のれんは発生年度の翌期から10年間にわたり定額法により償却する。

(6)　法定実効税率は40％である。

(7)　剰余金の配当は行われていない。

(8)　P社の当期の個別財務諸表上の売上高は150,000円、法人税等調整額は20,000円（借方残高）、商品は12,000円、繰延税金資産は60,000円である。

■ 解答解説（単位：円）

1．タイム・テーブル

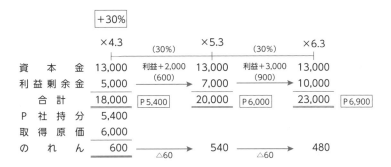

2．持分法適用仕訳

(1) ×4年3月31日ののれんの算定

6,000（取得原価）− 5,400（P社持分）= 600

(2) 開始仕訳

① 前期利益の計上

（借）投 資 有 価 証 券	600	（貸）利益剰余金 – 当期首残高	600

※　2,000（A社前期利益）×30％（P社比率）= 600

② 前期のれんの償却

（借）利益剰余金 – 当期首残高	60	（貸）投 資 有 価 証 券	60

※　600（のれん計上額）÷10年（償却年数）= 60

③ 開始仕訳（上記仕訳の合算）

（借）投 資 有 価 証 券	540	（貸）利益剰余金 – 当期首残高	540

(3) 当期利益の計上

（借）投 資 有 価 証 券	900	（貸）持分法による投資損益	900

※　3,000（A社当期利益）×30％（P社比率）= 900

(4) 当期のれんの償却

（借）持分法による投資損益	60	（貸）投 資 有 価 証 券	60

(5) 商品に係る期首未実現利益の消去及び実現（ダウンストリーム）

（借）利益剰余金 – 当期首残高	240※1	（貸）売　　　　　上　　　　　高	240
（借）法 人 税 等 調 整 額	96※2	（貸）利益剰余金 – 当期首残高	96

※1　期首未実現利益：4,000（A社期首商品）×20％（利益率）×30％（P社比率）= 240
※2　税効果：240（未実現利益※1）×40％（税率）= 96

(6) 商品に係る期末未実現利益の消去（ダウンストリーム）

（借）売　　　　　上　　　　　高	300※1	（貸）投 資 有 価 証 券	300
（借）繰 延 税 金 資 産（P社）	120※2	（貸）法 人 税 等 調 整 額	120

※1　期末未実現利益：5,000（A社期末商品）×20％（利益率）×30％（P社比率）= 300
※2　税効果：300（未実現利益※1）×40％（税率）= 120

(7) 商品に係る期首未実現利益の消去及び実現（アップストリーム）

（借）利益剰余金 – 当期首残高	150※1	（貸）持分法による投資損益	150
（借）持分法による投資損益	60※2	（貸）利益剰余金 – 当期首残高	60

※1　期首未実現利益：2,000（P社期首商品）×25％（利益率）×30％（P社比率）= 150
※2　税効果：150（未実現利益※1）×40％（税率）= 60

(8)　商品に係る期末未実現利益の消去（アップストリーム）

| （借）持分法による投資損益 | 225※1 | （貸）商　　　　　　品 | 225 |
| （借）投　資　有　価　証　券 | 90※2 | （貸）持分法による投資損益 | 90 |

※1　期末未実現利益：3,000（P社期末商品）×25%（利益率）×30%（P社比率）＝225

※2　税効果：225（未実現利益※1）×40%（税率）＝90

3．連結財務諸表計上額

売上高：150,000（P社）＋240（ダウン期首未実現利益）－300（ダウン期末未実現利益）＝149,940

持分法による投資利益：900（利益の計上）－60（のれん償却額）＋150（アップ期首未実現利益）

$\qquad$ －60（アップ期首未実現利益・税効果）－225（アップ期末未実現利益）

$\qquad$ ＋90（アップ期末未実現利益・税効果）＝795

法人税等調整額：20,000（P社）＋96（ダウン期首未実現利益・税効果）

$\qquad$ －120（ダウン期末未実現利益・税効果）＝19,976（借方残高）

商品：12,000（P社）－225（アップ期末未実現利益）＝11,775

投資有価証券（持分法評価額）：6,000（取得原価）＋540（開始仕訳）＋900（利益の計上）

$\qquad$ －60（のれん償却額）－300（ダウン期末未実現利益）＋90（アップ期末未実現利益・税効果）＝7,170

繰延税金資産：60,000（P社）＋120（ダウン期末未実現利益・税効果）＝60,120

第31章

包括利益

第1節　総論

1　包括利益の意義

(1)　包括利益とは (CI:Comprehensive Income)

　　包括利益とは、ある企業の特定期間の財務諸表において認識された純資産の変動額のうち、当該企業の純資産に対する持分所有者との直接的な取引によらない部分をいう。当該企業の純資産に対する持分所有者には、当該企業の株主、当該企業の発行する新株予約権の所有者（新株予約権者）に加え、当該企業の子会社の非支配株主も含まれる。

　　つまり、包括利益とは、簡潔にいえば、株主との直接的な取引等によらない貸借対照表上の純資産の期首と期末の差額をいい、**貸借対照表の観点からの利益概念**といえる。

(2)　包括利益の算定方法

> 包括利益 ＝ 当期純利益 ＋ その他の包括利益

　　※　当期純利益及びその他の包括利益は、非支配株主に帰属する金額を含んでいる。

> 包括利益 ＝ 当期末の連結B／S純資産 － 前期末の連結B／S純資産 － 持分所有者との直接的な取引による純資産の増減額

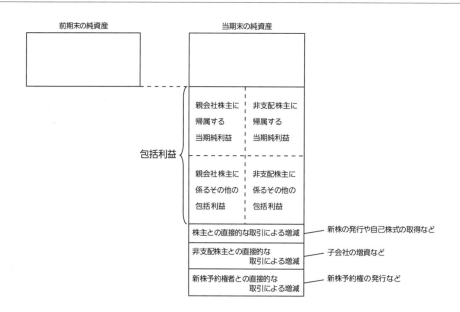

2 　その他の包括利益の意義

(1)　その他の包括利益とは（OCI：Other Comprehensive Income）

　　その他の包括利益とは、包括利益のうち当期純利益に含まれない部分をいう。その他の包括利益は、包括利益と当期純利益の差額である。

その他の包括利益 ＝ 包括利益 － 当期純利益

　　連結上のその他の包括利益には、以下の項目等の変動が含まれる。

① 　その他有価証券評価差額金
② 　繰延ヘッジ損益
③ 　為替換算調整勘定
④ 　退職給付に係る調整額

(2)　その他の包括利益累計額とは（AOCI：Accumulated Other Comprehensive Income）

　　連結財務諸表の作成に当たっては、個別財務諸表において「評価・換算差額等」として表示されていた項目が、「その他の包括利益累計額」と表示される。なお、「包括利益の表示に関する会計基準」は当面の間、個別財務諸表には適用しないこととされている。よって、個別財務諸表においては「評価・換算差額等」と表示されている。

3 　包括利益計算書

(1)　形式

　　包括利益を表示する計算書は、次のいずれかの形式による。

2計算書方式	当期純利益を表示する「連結損益計算書」と包括利益を表示する「連結包括利益計算書」からなる形式
1計算書方式	当期純利益の表示と包括利益の表示を1つの計算書である「連結損益及び包括利益計算書」で行う形式

(2)　表示

　　その他の包括利益の内訳項目は、その内容に基づいて、その他有価証券評価差額金、繰延ヘッジ損益、為替換算調整勘定、退職給付に係る調整額等に区分して表示する。

　　なお、その他の包括利益の内訳項目は、原則として税効果を控除した後の金額で表示する。ただし、各内訳項目を、税効果を控除する前の金額で表示して、それらに関連する税効果の金額を一括して加減する方法で記載することができる。

＜表示例①：税効果控除後の金額で開示した場合（原則）＞

（2計算書方式）　　　　　　　　　　　　　　　（1計算書方式）

【連結損益計算書】

売　上　高	×××
:	
当 期 純 利 益	1,000
非支配株主に帰属する当期純利益	200
親会社株主に帰属する当期純利益	800

【連結包括利益計算書】

当 期 純 利 益	1,000
その他の包括利益：	
その他有価証券評価差額金	240
繰 延 ヘ ッ ジ 損 益	180
為 替 換 算 調 整 勘 定	120
退 職 給 付 に 係 る 調 整 額	60
その他の包括利益合計	600
包 括 利 益	1,600
（包括利益の内訳)※2	
親会社株主に係る包括利益	1,300
非支配株主に係る包括利益	300

【連結損益及び包括利益計算書】

売　上　高	×××
:	
当 期 純 利 益	1,000
（内訳)※1	
親会社株主に帰属する当期純利益	800
非支配株主に帰属する当期純利益	200
その他の包括利益：	
その他有価証券評価差額金	240
繰 延 ヘ ッ ジ 損 益	180
為 替 換 算 調 整 勘 定	120
退 職 給 付 に 係 る 調 整 額	60
その他の包括利益合計	600
包 括 利 益	1,600
（包括利益の内訳)※2	
親会社株主に係る包括利益	1,300
非支配株主に係る包括利益	300

※1　連結損益及び包括利益計算書では、当期純利益のうち親会社株主に帰属する金額及び非支配株主に帰属する金額を付記する。

※2　包括利益のうち親会社株主に係る金額及び非支配株主に係る金額を付記する。

＜表示例②：税効果控除前の金額で開示した場合（容認）＞

（2計算書方式）

【連結損益計算書】

売　上　高	××××
⋮	
当 期 純 利 益	1,000
非支配株主に帰属する当期純利益	200
親会社株主に帰属する当期純利益	800

【連結包括利益計算書】

当 期 純 利 益	1,000
その他の包括利益：	
その他有価証券評価差額金	400
繰 延 ヘ ッ ジ 損 益	300
為 替 換 算 調 整 勘 定	200
退 職 給 付 に 係 る 調 整 額	100
その他の包括利益に係る税効果額	△400
その他の包括利益合計	600
包 括 利 益	1,600
（包括利益の内訳）	
親会社株主に係る包括利益	1,300
非支配株主に係る包括利益	300

（1計算書方式）

【連結損益及び包括利益計算書】

売　上　高	××××
⋮	
当 期 純 利 益	1,000
（内訳）	
親会社株主に帰属する当期純利益	800
非支配株主に帰属する当期純利益	200
その他の包括利益：	
その他有価証券評価差額金	400
繰 延 ヘ ッ ジ 損 益	300
為 替 換 算 調 整 勘 定	200
退 職 給 付 に 係 る 調 整 額	100
その他の包括利益に係る税効果額	△400
その他の包括利益合計	600
包 括 利 益	1,600
（包括利益の内訳）	
親会社株主に係る包括利益	1,300
非支配株主に係る包括利益	300

■ 例題1　包括利益の算定①

以下の資料に基づき、当期の連結包括利益計算書を作成しなさい。なお、連結子会社については考慮しないこととする。

(1) 当社（親会社）の前期末及び当期末の連結貸借対照表

連 結 貸 借 対 照 表　（単位：円）

勘　定　科　目	前　期　末	当　期　末	勘　定　科　目	前　期　末	当　期　末
諸　　資　　産	500,000	801,000	諸　　負　　債	96,000	196,000
			資　　本　　金	300,000	400,000
			利　益　剰　余　金	80,000	175,000
			その他有価証券評価差額金	24,000	30,000
合　　　　　計	500,000	801,000	合　　　　　計	500,000	801,000

(2) 当社の期中取引は次のとおりである。

① 新株100,000円を発行し、全額を資本金として計上した。

② 利益剰余金の配当12,000円を行った。

(3) 当期の連結損益計算書に計上された当期純利益は107,000円であった。

(4) その他有価証券評価差額金について、法定実効税率を40%として税効果会計を適用している。

■ 解答解説 （単位：円）

連結包括利益計算書

当期純利益	107,000
その他の包括利益：	
その他有価証券評価差額金	6,000※1
その他の包括利益合計	6,000
包括利益	113,000※2

※1　30,000（当期末差額金）－24,000（前期末差額金）＝6,000

※2　107,000（当期純利益）＋6,000（その他の包括利益）＝113,000

　　　又は605,000（当期末純資産合計）－404,000（前期末純資産合計）

　　　　　　　－｜100,000（新株の発行）－12,000（剰余金の配当）｜＝113,000

■ 例題2 包括利益の算定② (子会社がある場合) 重要度 A

以下の資料に基づき、各問に答えなさい。なお、税効果を適用する際の税率は40％とする。

(1) P社は前期末にS社株式の80％を75,520円で取得し、S社を子会社とした。

(2) P社の資本勘定の推移は次のとおりである。

	資本金	利益剰余金	その他有価証券評価差額金
前期末	100,000円	150,000円	30,000円
当期末	100,000円	170,000円	45,000円

 ※ P社の当期純利益は30,000円であり、当期中に10,000円の利益剰余金の配当を行っている。

(3) S社の資本勘定の推移は次のとおりである。

	資本金	利益剰余金	その他有価証券評価差額金
前期末	30,000円	50,000円	4,800円
当期末	30,000円	60,000円	7,200円

 ※1 S社の当期純利益は12,000円であり、当期中に2,000円の利益剰余金の配当を行っている。
 ※2 前期末時点のS社の土地(簿価25,000円)の時価は26,000円であった。

(4) のれんは発生年度の翌期から10年間にわたり定額法により償却する。

(5) 個別上、評価・換算差額等について税効果を適用している。

(6) 連結上、評価差額及びその他の包括利益累計額について税効果を適用する。

問1 当期の連結損益及び包括利益計算書を作成しなさい。

問2 当期末の連結貸借対照表のその他の包括利益累計額の区分に計上されるその他有価証券評価差額金の金額を求めなさい。

■ 解答解説 (単位：円) |||||||||||||||||||||||||||||||||||||||||||||||||||||||||||||||||||||||||||||||||||||||||||||

1. タイム・テーブル

P社

	前期末		当期末
資 本 金	100,000		100,000
利 益 剰 余 金	150,000	利益+30,000 配当△10,000	170,000
その他有価証券評価差額金	30,000	OCI+15,000	45,000
合 計	280,000		315,000

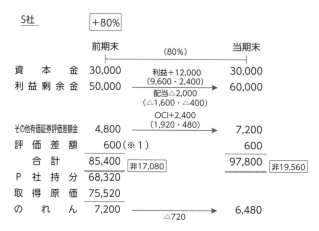

※1　評価差額：｜26,000（時価）－ 25,000（簿価）｜×｜1－40%（税率）｜= 600

2．評価差額の計上

（借）土	地	1,000※1	（貸）評 価 差 額	600※2
			繰 延 税 金 負 債	400※3

※1　土地：26,000（時価）－ 25,000（簿価）= 1,000
※2　評価差額：1,000（土地※1）×｜1－40%（税率）｜= 600
※3　繰延税金負債：1,000（土地※1）×40%（税率）= 400

3．連結修正仕訳

(1)　開始仕訳

（借）資 本 金 - 当期首残高	30,000	（貸）子 会 社 株 式	75,520
利益剰余金 - 当期首残高	50,000	非支配株主持分 - 当期首残高	17,080※2
その他有価証券評価差額金 - 当期首残高	4,800		
評 価 差 額	600		
の れ ん	7,200※1		

※1　のれん：75,520（子会社株式）－ 85,400（前期末資本合計）×80%（P社比率）= 7,200
※2　非支配株主持分：85,400（前期末資本合計）×20%（非持比率）= 17,080

(2)　当期の連結修正仕訳

①　当期利益の按分

（借）非支配株主に帰属する当期純損益	2,400	（貸）非支配株主持分 - 当期変動額	2,400

※　12,000（S社利益）×20%（非持比率）= 2,400

②　当期のれんの償却

（借）の れ ん 償 却 額	720	（貸）の れ ん	720

※　7,200（のれん計上額）÷10年（償却年数）= 720

③　当期剰余金の配当

（借）受 取 配 当 金	1,600※1	（貸）利益剰余金 - 剰余金の配当	2,000
非支配株主持分 - 当期変動額	400※2		

※1　受取配当金：2,000（S社配当）×80%（P社比率）= 1,600
※2　非支配株主持分：2,000（S社配当）×20%（非持比率）= 400

④　当期その他有価証券評価差額金の増加額の按分

（借）	その他有価証券評価差額金-当期変動額	480	（貸）	非支配株主持分-当期変動額	480

※　2,400（S社そ評増加額）×20%（非持比率）＝480

問1　連結損益及び包括利益計算書

連結損益及び包括利益計算書

：	
当期純利益	39,680[※1]
（内訳）	
親会社株主に帰属する当期純利益	37,280[※2]
非支配株主に帰属する当期純利益	2,400
その他の包括利益：	
その他有価証券評価差額金	17,400[※3]
その他の包括利益合計	17,400
包括利益	57,080[※4]
（内訳）	
親会社株主に係る包括利益	54,200[※5]
非支配株主に係る包括利益	2,880[※6]

※1　37,280（親会社株主に帰属する当期純利益[※2]）＋2,400（非支配株主に帰属する当期純利益）＝39,680

※2　30,000（P社）＋8,000（取得後剰余金）－720（のれん償却額）＝37,280

※3　15,000（P社そ評増加額）＋2,400（S社そ評増加額）＝17,400

※4　39,680（当期純利益[※1]）＋17,400（その他の包括利益[※3]）＝57,080

※5　37,280（親会社株主に帰属する当期純利益[※2]）＋16,920（親会社株主に係るその他の包括利益[※]）＝54,200
　　※　15,000（P社そ評増加額）＋1,920（S社そ評増加額のうちP社持分）＝16,920

※6　2,400（非支配株主に帰属する当期純利益）＋480（非支配株主に係るその他の包括利益[※]）＝2,880
　　※　480（S社そ評増加額のうち非持分）

問2　連結貸借対照表（その他の包括利益累計額）

45,000（P社）＋1,920（S社そ評増加額のうちP社持分）＝46,920

第2節　持分法適用会社

　持分法適用会社のその他の包括利益に対する投資会社の持分相当額は、その他有価証券評価差額金や繰延ヘッジ損益等として表示せず、一括して「**持分法適用会社に対する持分相当額**」という名称で区分表示する。なお、持分法適用会社のその他の包括利益に対する投資会社の持分相当額は、**税効果控除後の金額で表示する**。

■ 例題3　包括利益の算定③（持分法適用会社がある場合）　　重要度C

　以下の資料に基づき、各問に答えなさい。なお、他の連結子会社に対する影響は無視することとする。また、税効果を適用する際の税率は40％とする。

(1)　P社は前期末にA社株式の20％を6,840円で取得し、A社を持分法適用関連会社とした。

(2)　P社の資本勘定の推移は次のとおりである。

	資本金	利益剰余金	その他有価証券評価差額金
前期末	100,000円	150,000円	30,000円
当期末	100,000円	170,000円	45,000円

　　　※　P社の当期純利益は30,000円であり、当期中に10,000円の利益剰余金の配当を行っている。

(3)　A社の資本勘定の推移は次のとおりである。

	資本金	利益剰余金	その他有価証券評価差額金
前期末	10,000円	20,000円	1,000円
当期末	10,000円	22,000円	2,000円

　　　※1　A社の当期純利益は5,000円であり、当期中に3,000円の利益剰余金の配当を行っている。
　　　※2　前期末時点のA社の土地（簿価10,000円）の時価は12,000円である。

(4)　のれんは発生年度の翌期から10年間にわたり定額法により償却する。

(5)　個別上、評価・換算差額等について税効果を適用している。

(6)　連結上、評価差額及びその他の包括利益累計額について税効果を適用する。

　問1　当期の連結損益及び包括利益計算書を作成しなさい。

　問2　当期末の連結貸借対照表のその他の包括利益累計額の区分に計上されるその他有価証券評価差額金の金額を求めなさい。

■ 解答解説（単位：円）

1．タイム・テーブル

P社

	前期末		当期末
資　本　金	100,000		100,000
利 益 剰 余 金	150,000	利益＋30,000 / 配当△10,000	170,000
その他有価証券評価差額金	30,000	OCI＋15,000	45,000
合　計	280,000		315,000

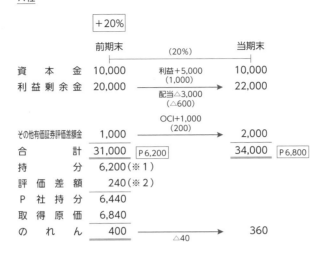

A社

	前期末	(20%)	当期末
資　本　金	10,000		10,000
利益剰余金	20,000	利益＋5,000 （1,000） 配当△3,000 （△600）	22,000
その他有価証券評価差額金	1,000	OCI＋1,000 （200）	2,000
合　　　　計	31,000　P6,200		34,000　P6,800
持　　　分	6,200（※1）		
評　価　差　額	240（※2）		
Ｐ　社　持　分	6,440		
取　得　原　価	6,840		
の　れ　ん	400	△40	360

※1　持分：31,000（前期末資本合計）×20%（前期末取得）＝6,200
※2　評価差額：｜12,000（時価）－10,000（簿価）｜×20%（前期末取得）×｜1－40%（税率）｜＝240

2．前期末ののれんの算定

6,840（取得原価）－6,440（Ｐ社持分）＝400

3．連結修正仕訳

(1)　利益の計上

（借）投 資 有 価 証 券	1,000	（貸）持分法による投資損益	1,000

※　5,000（A社利益）×20%（P社比率）＝1,000

(2)　のれんの償却

（借）持分法による投資損益	40	（貸）投 資 有 価 証 券	40

※　400（のれん計上額）÷10年（償却年数）＝40

(3)　剰余金の配当の修正

（借）受 取 配 当 金	600	（貸）投 資 有 価 証 券	600

※　3,000（A社配当）×20%（P社比率）＝600

(4)　その他有価証券評価差額金の計上

（借）投 資 有 価 証 券	200	（貸）その他有価証券評価差額金－当期変動額	200

※　1,000（A社そ評増加額）×20%（P社比率）＝200

問1 連結損益及び包括利益計算書

連結損益及び包括利益計算書

：	
当期純利益	30,360[※1]
（内訳）	
親会社株主に帰属する当期純利益	30,360[※2]
非支配株主に帰属する当期純利益	0
その他の包括利益：	
その他有価証券評価差額金	15,000[※3]
持分法適用会社に対する持分相当額	200[※4]
その他の包括利益合計	15,200
包括利益	45,560[※5]
（内訳）	
親会社株主に係る包括利益	45,560[※6]
非支配株主に係る包括利益	0

※1　30,360（親会社株主に帰属する当期純利益[※2]）＋0（非支配株主に帰属する当期純利益）＝30,360

※2　30,000（P社）＋1,000（利益の計上）－600（受取配当金）－40（のれん償却額）＝30,360

※3　15,000（P社そ評増加額）

※4　200（A社そ評増加額のうちP社持分）

※5　30,360（当期純利益[※1]）＋15,200（その他の包括利益※）＝45,560

　　　※　15,000（その他有価証券評価差額金[※3]）＋200（持分法適用会社に対する持分相当額[※4]）＝15,200

※6　30,360（親会社株主に帰属する当期純利益[※2]）＋15,200（親会社株主に係るその他の包括利益※）＝45,560
　　　※　15,000（P社そ評増加額）＋200（A社そ評増加額のうちP社持分）＝15,200

問2 連結貸借対照表（その他の包括利益累計額）

45,000（P社）＋200（A社そ評増加額のうちP社持分）＝45,200

参考 税効果控除前で表示する場合の、持分法適用会社に対する持分相当額の取り扱い

包括利益計算書を、その他の包括利益の内訳項目を税効果を控除前の金額で表示する場合であっても、「持分法適用会社に対する持分相当額」については税効果控除後の金額で計上する。

〔連結損益及び包括利益計算書〕

：	
当期純利益	30,360
（内訳）	
親会社株主に帰属する当期純利益	30,360
非支配株主に帰属する当期純利益	0
その他の包括利益：	
その他有価証券評価差額金	25,000※1
持分法適用会社に対する持分相当額	200※2
その他の包括利益に係る税効果額	△10,000※3
その他の包括利益合計	15,200
包括利益	45,560
（内訳）	
親会社株主に係る包括利益	45,560
非支配株主に係る包括利益	0

※1　その他有価証券評価差額金：15,000÷｛1−40%（税率）｝＝25,000（税引前）

※2　持分法適用会社に対する持分相当額：200（税引後）

※3　税効果額：25,000※1×40%（税率）＝10,000

第3節　組替調整（リサイクリング）

1　組替調整の意義

　　当期純利益を構成する項目のうち、当期又は過去の期間にその他の包括利益に含まれていた部分は、利益の二重計上を避けるため、その他の包括利益の調整（組替調整）が行われる。

参考　組替調整の具体例

本テキストでは、その他有価証券評価差額金（その他有価証券の売却）を例にするが、それ以外にも以下の金額が組替調整の対象となる。

その他有価証券評価差額金	・評価損（減損損失）の計上により当期純利益に含められた金額 ・子会社のその他有価証券評価差額金で、子会社に対する持分の減少に伴って取り崩され、当期純利益に含められた金額
繰延ヘッジ損益	ヘッジ対象に係る損益が認識されたことに伴って当期純利益に含められた金額
為替換算調整勘定	子会社に対する持分の減少に伴って取り崩され、当期純利益に含められた金額
退職給付に係る調整累計額	前期末までに認識された未認識項目が償却され、当期純利益に含められた金額

2　組替調整における注記

　　組替調整は、その他の包括利益の内訳ごとに注記される。

　　組替調整における注記は、その他の包括利益について、「その他の包括利益の当期変動部分（当期発生額）」と「当期純利益に組替調整された部分（組替調整額）」の内訳を開示するために行われる。なお、当期発生額及び組替調整額は税効果調整前の金額で注記される。

〔組替調整の注記〕

　　その他有価証券評価差額金：
　　　　当期発生額　　　　　　　　　　×××　　・・・その他の包括利益の当期変動部分
　　　　組替調整額　　　　　　　　　　×××　　・・・当期純利益に組替調整された部分
　　　　　その他の有価証券評価差額金　×××　　・・・損益及び包括利益計算書計上額
　　　　　その他の包括利益合計　　　　×××

〔組替調整額の符号〕

損益計算書に収益を計上した場合	その他の包括利益（組替調整額）はマイナスで表示 （包括利益にプラスで計上していたものを組み替えるため）
損益計算書に費用を計上した場合	その他の包括利益（組替調整額）はプラスで表示 （包括利益にマイナスで計上していたものを組み替えるため）

■ 例題 4　組替調整　　　　　　　　　　　　　　　　　　　　　　　重要度C

以下の資料に基づき、各問に答えなさい。なお、連結子会社については考慮しないこととする。

(1)　当社（親会社）の前期末及び当期末の連結貸借対照表

連結貸借対照表　　　　　　　　　（単位：円）

勘　定　科　目	前 期 末	当 期 末	勘　定　科　目	前 期 末	当 期 末
諸　　資　　産	482,000	775,000	諸　　負　　債	100,800	200,000
			資　　本　　金	300,000	400,000
			利　益　剰　余　金	80,000	175,000
			その他有価証券評価差額金	1,200	－
合　　　　　計	482,000	775,000	合　　　　　計	482,000	775,000

(2)　当社の期中取引は次のとおりである。

　①　新株100,000円を発行し、全額を資本金として計上した。

　②　剰余金の配当12,000円を行った。

　③　前期に10,000円で取得したA社株式（その他有価証券）を当期中に15,000円で売却した。なお、A社株式の前期末時価は12,000円であった。

(3)　当社はA社株式以外の有価証券を保有していないものとする。

(4)　その他有価証券評価差額金について、法定実効税率を40％として税効果会計を適用している。

(5)　当期の連結損益計算書に計上された当期純利益は107,000円であった。

問1　当期の連結包括利益計算書を作成しなさい。

問2　組替調整の注記を作成しなさい。

■ 解答解説（単位：円） ||||||||||||||||||||||||||||||||||||||||||||||||||||||||||||||||||||||||||||||||||||||||||||||

問1　連結包括利益計算書

連結包括利益計算書

当期純利益	107,000
その他の包括利益：	
その他有価証券評価差額金	△1,200※1
その他の包括利益合計	△1,200
包括利益	105,800※2

※1　0（当期末そ評）－1,200（前期末そ評）＝△1,200

※2　107,000（当期純利益）＋△1,200（その他の包括利益）＝105,800

　　　又は575,000（当期末純資産合計）－381,200（前期末純資産合計）

　　　　　　　　　　　　　　　－｜100,000（新株の発行）－12,000（剰余金の配当）｜＝105,800

問2 注記

その他有価証券評価差額金：

当期発生額	3,000 ※1
組替調整額	△5,000 ※2
税効果調整前	△2,000
税効果額	800
その他有価証券評価差額金	△1,200
その他の包括利益合計	△1,200

※1　15,000（売却価額）－ 12,000（前期末時価）＝ 3,000
※2　15,000（売却価額）－ 10,000（取得原価）＝ 5,000（売却益）

〔A社株式の時価の変動〕

参考　組替調整額についての理解のための仕訳

① 前期末の時価評価の仕訳（税効果は無視）

（借）投 資 有 価 証 券	2,000	（貸）その他有価証券評価差額金（前期発生額）	2,000

② 当期中の売却時点での時価評価（期首の洗替処理を行わなかったと仮定する）

（借）投 資 有 価 証 券	3,000	（貸）その他有価証券評価差額金（当期発生額）	3,000

③ 売却

（借）現 金 預 金	15,000	（貸）投 資 有 価 証 券	15,000
（借）その他有価証券評価差額金（組替調整額）	5,000	（貸）投資有価証券売却益（当期純利益）	5,000

第 **32** 章

連結退職給付

第1節　概要

1　基本的考え方

(1)　適用範囲

本章の会計処理は、当面の間、連結財務諸表についてのみ適用され、個別財務諸表においては従来の会計処理を継続する。

(2)　連結上の会計処理

連結貸借対照表上では、積立状況を示す額、すなわち退職給付債務の実績額から年金資産の公正な評価額を控除した額を負債として計上する（年金資産の額が退職給付債務を超える場合には資産として計上する）。

つまり、連結貸借対照表上は遅延認識を行わない。そのため、当期末現在の未認識数理計算上の差異及び未認識過去勤務費用は、税効果を調整のうえ、その他の包括利益累計額に計上する（増減額は、その他の包括利益として包括利益計算書に計上される）。

なお、連結損益計算書においては、個別損益計算書と同様に遅延認識を行う。

〔連結貸借対照表〕

項目	連結上の表示科目	表示区分
積立状況を示す額（負債）	退職給付に係る負債	固定負債
未認識数理計算上の差異及び過去勤務費用	退職給付に係る調整累計額	その他の包括利益累計額

※　積立状況を示す額が資産となる場合（退職給付債務より年金資産の方が大きい場合）は、「退職給付に係る資産」として投資その他の資産の区分に表示する。

〔連結包括利益計算書〕

項目	連結上の表示科目	表示区分
未認識数理計算上の差異及び未認識過去勤務費用の当期発生額	退職給付に係る調整額	その他の包括利益

2　連結財務諸表計上額

連結貸借対照表	
退職給付に係る負債	退職給付債務実績額 − 年金資産の公正な評価額
退職給付に係る調整累計額※	当期末未認識の差異 × （1 −税率）
繰延税金資産	退職給付に係る負債 × 税率
連結損益計算書	
退職給付費用	個別財務諸表計上額と同額
連結包括利益計算書	
退職給付に係る調整額	退職給付に係る調整累計額の当期増減額

※　不利差異の場合は△（マイナス）となる。

第2節　会計処理

1　表示科目名の変更

個別財務諸表上の科目名を連結財務諸表上の科目名に変更する。

（借）退職給付引当金	×××	（貸）退職給付に係る負債	×××

2　未認識の差異に係る修正

(1)　当期に発生した場合

未認識数理計算上の差異及び未認識過去勤務費用が、当期に発生した場合、連結精算表において、当該未認識の額（未認識差異の発生額）を「退職給付に係る負債」として計上するとともに、税効果を調整のうえ、「退職給付に係る調整累計額」を計上する。

〔不利差異の場合〕

（借）退職給付に係る調整累計額－当期変動額	×××※2	（貸）退職給付に係る負債	×××※1
繰延税金資産	×××※3		

　　※1　退職給付に係る負債：当期末未認識差異（未認識差異発生額）
　　※2　退職給付に係る調整累計額（当期変動）：当期末未認識差異（未認識差異発生額）×（1－税率）
　　※3　繰延税金資産：当期末未認識差異（未認識差異発生額）×税率

〔有利差異の場合〕

（借）退職給付に係る負債	×××	（貸）退職給付に係る調整累計額－当期変動額	×××
		繰延税金資産	×××

(2)　前期以前に発生し、当期に費用認識する場合

未認識数理計算上の差異及び未認識過去勤務費用が、前期以前に発生し、当期に費用認識する場合、連結精算表において、当期末現在未認識の額を「退職給付に係る負債」として計上するとともに、当期に費用認識した額については、税効果を調整のうえ、その他の包括利益の調整（組替調整）を行う。

〔不利差異の場合〕

（借）退職給付に係る調整累計額－当期首残高	×××※2	（貸）退職給付に係る負債	×××※1
繰延税金資産	×××※4	退職給付に係る調整累計額－当期変動額	×××※3

　　※1　退職給付に係る負債：当期末未認識差異
　　※2　退職給付に係る調整累計額（当期首）：前期末未認識差異×（1－税率）
　　※3　退職給付に係る調整累計額（当期変動）：当期費用処理額×（1－税率）
　　※4　繰延税金資産：当期末未認識差異×税率

〔有利差異の場合〕

（借）退職給付に係る負債	×××	（貸）退職給付に係る調整累計額－当期首残高	×××
退職給付に係る調整累計額－当期変動額	×××	繰延税金資産	×××

■ 例題 1　親会社において未認識の差異が生じている場合① （当期発生）　[重要度 A]

　以下の資料に基づき、当期の連結貸借対照表、連結損益及び包括利益計算書を作成しなさい。なお、連結子会社については考慮しないこととする。

(1)　当社（親会社）の当期の個別財務諸表（一部）

貸　借　対　照　表　　　　　（単位：円）

| 繰　延　税　金　資　産 | 42,400 | 退　職　給　付　引　当　金 | 106,000 |

損　益　計　算　書　　　　　（単位：円）

退　職　給　付　費　用	8,000		
：		：	
当　期　純　利　益	5,000		

(2)　当社は退職一時金制度を採用しており、退職給付に関する資料は次のとおりである。

① 前期末の退職給付債務実績額	100,000円
② 当期の勤務費用	5,000円
③ 割引率	3 %
④ 当期の退職一時金支払高	2,000円
⑤ 当期末の退職給付債務実績額	108,000円

(3)　数理計算上の差異は、発生年度の翌期から10年間にわたり定額法により費用処理する。なお、前期末において、各種差異は生じていない。

(4)　法定実効税率は40%である。

■ 解答解説 （単位：円） ||||||||||||||||||||||||||||||||||||||||||||||||||||||||||||

1．当期末未認識差異

2．表示科目名の変更

| （借）退 職 給 付 引 当 金 | 106,000 | （貸）退 職 給 付 に 係 る 負 債 | 106,000 |

3．未認識の差異に係る修正

| （借）退職給付に係る調整累計額−当期変動額 | 1,200※2 | （貸）退 職 給 付 に 係 る 負 債 | 2,000※1 |
| 繰　延　税　金　資　産 | 800※3 | | |

※ 1　退職給付に係る負債：2,000（当期末未認識不利差異）

※ 2　退職給付に係る調整累計額：△2,000（当期末未認識不利差異）×｜1 − 40%（税率）｜＝△1,200

※ 3　繰延税金資産：2,000（当期末未認識不利差異）×40%（税率）＝800

4．連結貸借対照表、連結損益及び包括利益計算書

連結貸借対照表

繰 延 税 金 資 産	43,200[※3]	退職給付に係る負債	108,000[※1]
		退職給付に係る調整累計額	△1,200[※2]

※1　108,000（当期末退職給付債務実績額）

※2　△2,000（当期末未認識不利差異）×｜1－40%（税率）｜＝△1,200

※3　108,000（退職給付に係る負債）×40%（税率）＝43,200
　　　又は42,400（個別B／S）＋800＝43,200

連結損益及び包括利益計算書

退職給付費用	8,000[※4]
：	：
当期純利益	5,000
その他の包括利益：	
退職給付に係る調整額	△1,200[※5]
その他の包括利益合計	△1,200
包括利益	3,800

※4　個別財務諸表計上額

※5　｜△2,000（当期末未認識不利差異）－0（前期末未認識差異）｜×｜1－40%（税率）｜＝△1,200

参考　組替調整の注記

退職給付に係る調整額：	
当期発生額	△2,000
組替調整額	0[※]
税効果調整前	△2,000
税効果額	800
退職給付に係る調整額	△1,200
その他の包括利益合計	△1,200

※　前期末までに認識された未認識項目の当期費用処理額（＝退職給付に係る調整累計額から退職給付費用へと振り替えられた金額）が組替調整額となるため、0となる。

〔差異の分析〕

■ 例題2　親会社において未認識の差異が生じている場合② （前期発生）　重要度 A

　以下の資料に基づき、当期の連結貸借対照表、連結損益及び包括利益計算書を作成しなさい。なお、連結子会社については考慮しないこととする。

(1) 当社（親会社）の当期の個別財務諸表（一部）

<table>
<tr><td colspan="4" align="center">貸　借　対　照　表</td><td align="right">（単位：円）</td></tr>
<tr><td>繰　延　税　金　資　産</td><td align="right">40,000</td><td>退　職　給　付　引　当　金</td><td align="right">100,000</td></tr>
</table>

<table>
<tr><td colspan="2" align="center">損　益　計　算　書</td><td align="right">（単位：円）</td></tr>
<tr><td>退　職　給　付　費　用</td><td align="right">9,000</td><td></td></tr>
<tr><td align="center">：</td><td align="center">：</td><td></td></tr>
<tr><td>当　期　純　利　益</td><td align="right">5,000</td><td></td></tr>
</table>

(2) 当社は退職一時金制度を採用しており、退職給付に関する資料は次のとおりである。

① 前期末の退職給付債務実績額	100,000円
② 当期の勤務費用	5,000円
③ 割引率	3 ％
④ 当期の退職一時金支払高	2,000円
⑤ 当期末の退職給付債務実績額	106,000円

(3) 数理計算上の差異は、発生年度の翌期から10年間にわたり定額法により費用処理する。なお、期首において未認識数理計算上の差異が7,000円（不利差異・3年費用処理済）生じている。

(4) 法定実効税率は40％である。

■ 解答解説 （単位：円） ||||||||||||||||||||||||||||||||||||||||||||||||||||||||||||||||||||||||||||||||||||||||||||||

1. 当期末未認識差異

(1) 勘定分析

退職給付債務

<table>
<tr><td>一時金支払</td><td align="right">2,000</td><td>期首残高</td><td align="right">100,000</td></tr>
<tr><td>期末残高（予想額）</td><td align="right">106,000</td><td>勤務費用</td><td align="right">5,000</td></tr>
<tr><td></td><td></td><td>利息費用</td><td align="right">3,000</td></tr>
</table>

当期発生差異：0

期末残高（実績額）106,000

(2) 当期末未認識不利差異

7,000（期首未認識不利差異）× 6 年／ 7 年　＝ 6,000（不利）

2. 表示科目名の変更

（借）退 職 給 付 引 当 金	100,000	（貸）退 職 給 付 に 係 る 負 債	100,000

3．未認識の差異に係る修正

（借）	退職給付に係る調整累計額－当期首残高	4,200[※2]	（貸）	退職給付に係る負債	6,000[※1]
	繰　延　税　金　資　産	2,400[※4]		退職給付に係る調整累計額－当期変動額	600[※3]

※1　退職給付に係る負債：6,000（当期末未認識不利差異）

※2　退職給付に係る調整累計額（当期首）：△7,000（前期末未認識不利差異）×｜1－40％（税率）｜＝△4,200

※3　退職給付に係る調整累計額（変動額）：｜△6,000（当期末未認識不利差異）

　　　　　　　　　　　　　　　　　　　　　　　－△7,000（前期末未認識不利差異）｜×｜1－40％（税率）｜＝600

※4　繰延税金資産：6,000（当期末未認識不利差異）×40％（税率）＝2,400

4．連結貸借対照表、連結損益及び包括利益計算書

連 結 貸 借 対 照 表

繰　延　税　金　資　産	42,400[※3]	退 職 給 付 に 係 る 負 債	106,000[※1]
		退職給付に係る調整累計額	△3,600[※2]

※1　106,000（当期末退職給付債務実績額）

※2　△6,000（当期末未認識不利差異）×｜1－40％（税率）｜＝△3,600

※3　106,000（退職給付に係る負債）×40％（税率）＝42,400

　　　　又は40,000（個別B／S）＋2,400＝42,400

連結損益及び包括利益計算書

退職給付費用	9,000[※4]
：	：
当期純利益	5,000
その他の包括利益：	
退職給付に係る調整額	600[※5]
その他の包括利益合計	600
包括利益	5,600

※4　個別財務諸表計上額

※5　｜△6,000（当期末未認識不利差異）－△7,000（前期末未認識不利差異）｜×｜1－40％（税率）｜＝600

参考 組替調整の注記

退職給付に係る調整額：

当期発生額	0
組替調整額	1,000※
税効果調整前	1,000
税効果額	△400
退職給付に係る調整額	600
その他の包括利益合計	600

※　前期末までに認識された未認識項目の当期費用処理額（＝退職給付に係る調整累計額から退職給付費用へと振り替えられた金額）が組替調整額となる。

7,000（前期末未認識不利差異）÷7年＝1,000（当期費用処理）

〔差異の分析〕

第3節　連結子会社の処理

　支配獲得後に子会社で生じた未認識の数理計算上の差異及び過去勤務費用は、その他有価証券評価差額金と同様の処理を行う。

　一方、支配獲得時に子会社で生じている未認識数理計算上の差異及び過去勤務費用は、評価差額に該当するため、費用計上時は評価差額の実現に該当し、費用計上額を取り消す。したがって、その他の包括利益として扱わない。

■ 例題3　支配獲得後に子会社において未認識の差異が生じている場合　　重要度B

以下の資料に基づき、当期の連結貸借対照表、連結損益及び包括利益計算書を作成しなさい。

(1)　P社は前期末にS社株式の70%を140,000円で取得し、S社を子会社とした。

(2)　前期末のS社の資本勘定は次のとおりである。なお、S社の資産及び負債について、時価と簿価に乖離は生じていない。

資本金	利益剰余金
100,000円	100,000円

(3)　当期のP社及びS社の財務諸表は次のとおりである。

貸借対照表　　　　　　　　（単位：円）

勘定科目	P　社	S　社	勘定科目	P　社	S　社
諸　資　産	825,000	574,000	諸　負　債	420,000	270,000
子会社株式	140,000	—	退職給付引当金	—	90,000
繰延税金資産	—	36,000	資　本　金	300,000	100,000
			利益剰余金	245,000	150,000
	965,000	610,000		965,000	610,000

損益計算書　　　　　　　　（単位：円）

勘定科目	P　社	S　社	勘定科目	P　社	S　社
諸　費　用	400,000	130,000	諸　収　益	500,000	200,000
退職給付費用	—	20,000			
当期純利益	100,000	50,000			
	500,000	200,000		500,000	200,000

(4)　当期末現在、S社において未認識の数理計算上の差異が20,000円（不利差異）生じている。なお、当該差異は当期に生じたものであり、翌期から費用処理を行う。

(5)　法定実効税率は40%である。

(6)　剰余金の配当は行われていない。

■ 解答解説（単位：円）||||||||||||||||||||||||||||||||||||||||||||||||||||||||||||||||||||||||||||||||||||||||

1．タイム・テーブル

```
                    ┌─────┐
                    │+70%│
                    └─────┘
              前期末        当期末
              ┌──── (70%) ────┐
資  本  金  100,000  利益+50,000  100,000
利 益 剰 余 金 100,000 (35,000・15,000) 150,000
                        ─────────→
退職給付に係る調整累計額  0 (△8,400・△3,600)  △12,000
                    OCI△12,000
合    計  200,000  非60,000   238,000  非71,400
P 社 持 分 140,000
取 得 原 価 140,000
の  れ  ん      0
```

2．表示科目名の変更

（借）退 職 給 付 引 当 金	90,000	（貸）退 職 給 付 に 係 る 負 債	90,000

3．未認識の差異に係る修正

（借）退職給付に係る調整累計額−当期変動額	12,000※2	（貸）退 職 給 付 に 係 る 負 債	20,000※1
繰 延 税 金 資 産	8,000※3		

※1　退職給付に係る負債：20,000（当期末未認識不利差異）

※2　退職給付に係る調整累計額：△20,000（当期末未認識不利差異）× ｜1−40%（税率）｜ ＝△12,000

※3　繰延税金資産：20,000（当期末未認識不利差異）×40%（税率）＝ 8,000

4．連結修正仕訳

(1) 開始仕訳（投資と資本の相殺消去）

（借）資 本 金−当期首残高	100,000	（貸）子 会 社 株 式	140,000
利益剰余金−当期首残高	100,000	非支配株主持分−当期首残高	60,000※

※　非支配株主持分：200,000（前期末資本合計）×30%（非持比率）＝ 60,000

(2) 当期の連結修正仕訳

① 利益の按分

（借）非支配株主に帰属する当期純損益	15,000	（貸）非支配株主持分−当期変動額	15,000

※　50,000（S社利益）×30%（非持比率）＝ 15,000

② 退職給付に係る調整額の按分

（借）非支配株主持分−当期変動額	3,600	（貸）退職給付に係る調整累計額−当期変動額	3,600

※　△12,000（調整額）×30%（非持比率）＝△3,600

5．連結貸借対照表、連結損益及び包括利益計算書

連結貸借対照表

諸 資 産	1,399,000	諸 負 債	690,000
繰 延 税 金 資 産	44,000※1	退 職 給 付 に 係 る 負 債	110,000※2
		資 本 金	300,000
		利 益 剰 余 金	280,000※3
		退 職 給 付 に 係 る 調 整 累 計 額	△8,400※4
		非 支 配 株 主 持 分	71,400※5
	1,443,000		1,443,000

※1　36,000（S社）＋8,000 = 44,000

※2　90,000（S社）＋20,000（当期末未認識不利差異）= 110,000

※3　245,000（P社）＋35,000（取得後剰余金）= 280,000

※4　△8,400（調整額のうちP社持分）

※5　238,000（当期末資本合計）×30％（非持比率）= 71,400

連結損益及び包括利益計算書

諸収益	700,000
諸費用	530,000
退職給付費用	20,000
当期純利益	150,000※6
（内訳）	
親会社株主に帰属する当期純利益	135,000※7
非支配株主に帰属する当期純利益	15,000
その他の包括利益：	
退職給付に係る調整額	△12,000※8
その他の包括利益合計	△12,000
包括利益	138,000※9
（内訳）	
親会社株主に係る包括利益	126,600※10
非支配株主に係る包括利益	11,400※11

※6　135,000（親会社株主に帰属する当期純利益※7）＋15,000（非支配株主に帰属する当期純利益）= 150,000

※7　100,000（P社）＋35,000（取得後剰余金）= 135,000

※8　△12,000（調整額）

※9　150,000（当期純利益※6）－12,000（その他の包括利益※8）= 138,000

※10　135,000（親会社株主に帰属する当期純利益※7）＋△8,400（親会社株主に係るその他の包括利益※）= 126,600
　　※　△8,400（調整額のうちP社持分）

※11　15,000（非支配株主に帰属する当期純利益）＋△3,600（非支配株主に係るその他の包括利益※）= 11,400
　　※　△3,600（調整額のうち非持分）

■ 例題4　支配獲得時に子会社に未認識の差異がある場合　

以下の資料に基づき、当期の連結財務諸表を作成しなさい。

⑴　P社は前期末にS社株式の60%を130,000円で取得し、S社を子会社とした。

⑵　S社の前期末の資本勘定は次のとおりである。

資本金	利益剰余金
100,000円	100,000円

⑶　当期のP社及びS社の財務諸表は次のとおりである。

貸借対照表　　　　　　（単位：円）

勘 定 科 目	P 社	S 社	勘 定 科 目	P 社	S 社
諸 資 産	900,000	620,000	諸 負 債	445,000	300,000
子 会 社 株 式	130,000	—	退職給付引当金	—	75,000
繰延税金資産	—	30,000	資 本 金	300,000	100,000
			利 益 剰 余 金	285,000	175,000
	1,030,000	650,000		1,030,000	650,000

損 益 計 算 書　　　　　　（単位：円）

勘 定 科 目	P 社	S 社	勘 定 科 目	P 社	S 社
諸 費 用	420,000	265,000	諸 収 益	500,000	400,000
退職給付費用	–	20,000			
法 人 税 等	30,000	40,000			
当 期 純 利 益	50,000	75,000			
	500,000	400,000		500,000	400,000

※　法人税等には法人税等調整額が含まれている。

⑷　前期末に、S社において未認識の数理計算上の差異15,000円（不利差異）が発生した。数理計算上の差異は発生年度の翌期から5年間にわたり定額法により費用処理する。なお、当該差異以外の差異は発生していない。

⑸　のれんは発生年度の翌期から10年間にわたり定額法により償却する。

⑹　法定実効税率は40%である。

⑺　剰余金の配当は行われていない。

■ 解答解説（単位：円）||||||||||||||||||||||||||||||||||||||||||||||||||||||||||||||||||||||||||||||||||||||||||||||||||||||||||

1．タイム・テーブル

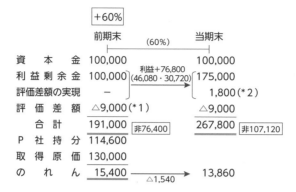

```
                        +60%

                     前期末        (60%)      当期末
                       |------------------------|
資　　本　　金     100,000                100,000
利　益　剰　余　金  100,000                175,000
                              利益+76,800
                              (46,080・30,720)
評価差額の実現        －                   1,800(*2)
評　価　差　額    △9,000(*1)             △9,000
　　合　　　計    191,000  非76,400      267,800  非107,120
Ｐ　社　持　分    114,600
取　得　原　価    130,000
の　　れ　　ん     15,400    △1,540      13,860
```

※1　評価差額：15,000（前期末未認識不利差異）×｜1－40%（税率）｜＝△9,000

※2　評価差額の実現：9,000（評価差額※1）÷5年＝1,800

2．表示科目名の変更

（借）退職給付引当金	75,000	（貸）退職給付に係る負債	75,000

3．評価差額の計上及び実現

(1) 評価差額の計上

連結上、支配獲得時における個別上の未認識の差異は評価差額として認識する。

（借）評　　価　　差　　額	9,000※2	（貸）退職給付に係る負債	15,000※1
繰　延　税　金　資　産	6,000※3		

※1　退職給付に係る負債：15,000（前期末未認識不利差異）

※2　評価差額：△15,000（前期末未認識不利差異※1）×｜1－40%（税率）｜＝9,000

※3　繰延税金資産：15,000（前期末未認識不利差異※1）×40%（税率）＝6,000

(2) 評価差額の実現

支配獲得時における個別上の未認識の差異は、連結においては未認識の差異としては取り扱われないため、個別上の仕訳を取り消す。

① 個別上の仕訳

（借）退職給付費用	3,000※1	（貸）退職給付引当金	3,000
（借）繰延税金資産	1,200※2	（貸）法人税等（法人税等調整額）	1,200

※1　退職給付費用：15,000（前期末未認識不利差異）÷5年（費用処理年数）＝3,000

※2　繰延税金資産：3,000（退職給付費用※1）×40%（税率）＝1,200

② 連結上あるべき仕訳

仕　　訳　　な　　し

③ 評価差額の実現

（借）退職給付に係る負債	3,000	（貸）退職給付費用	3,000
（借）法人税等（法人税等調整額）	1,200	（貸）繰延税金資産	1,200

4．連結修正仕訳

(1) 開始仕訳（投資と資本の相殺消去）

（借）	資　　　本　　　金	100,000	（貸）	評　価　差　額	9,000
	利　益　剰　余　金	100,000		子　会　社　株　式	130,000
	の　　れ　　ん	15,400※1		非　支　配　株　主　持　分	76,400※2

※1　のれん：130,000（子会社株式）－191,000（前期末資本合計）×60％（P社比率）＝15,400

※2　非支配株主持分：191,000（前期末資本合計）×40％（非持比率）＝76,400

(2) 当期の連結修正仕訳

① 利益の按分

（借）	非支配株主に帰属する当期純損益	30,720	（貸）	非支配株主持分－当期変動額	30,720

※　76,800（修正後S社利益）×40％（非持比率）＝30,720

② のれんの償却

（借）	の　れ　ん　償　却　額	1,540	（貸）	の　　　れ　　　ん	1,540

※　15,400（のれん計上額）÷10年（償却年数）＝1,540

5．連結財務諸表

連 結 貸 借 対 照 表

諸　　　資　　　産	1,520,000	諸　　　負　　　債	745,000
の　　れ　　ん	13,860	退 職 給 付 に 係 る 負 債	87,000※2
繰 延 税 金 資 産	34,800※1	資　　　本　　　金	300,000
		利　益　剰　余　金	329,540※4
		非 支 配 株 主 持 分	107,120※5
	1,568,660		1,568,660

※1　30,000（S社）＋6,000（評価差額）－1,200（評価差額の実現）＝34,800

※2　75,000（S社）＋12,000（当期末未認識不利差異※3）＝87,000

※3　15,000（前期末未認識不利差異）×4年（未償却年数）／5年（償却年数）＝12,000

※4　285,000（P社）＋46,080（取得後剰余金）－1,540（のれん償却額）＝329,540

※5　267,800（当期末資本合計）×40％（非持比率）＝107,120

連 結 損 益 計 算 書

諸　　　費　　　用	685,000	諸　　　収　　　益	900,000
退 職 給 付 費 用	17,000※1		
の れ ん 償 却 額	1,540		
法　人　税　等	71,200※2		
非支配株主に帰属する当期純利益	30,720		
親会社株主に帰属する当期純利益	94,540※3		
	900,000		900,000

※1　20,000（S社）－3,000（評価差額の実現）＝17,000

※2　30,000（P社）＋40,000（S社）＋1,200（評価差額の実現）＝71,200

※3　50,000（P社）＋46,080（取得後剰余金）－1,540（のれん償却額）＝94,540

第32章　連結退職給付

第**33**章

在外支店

第1節　在外支店の概要

1　在外支店の全体像

　在外支店を有している場合、通常の本支店会計と同様に、本店、支店それぞれの決算整理後残高試算表を合算し、合併整理仕訳を行うことにより、合併財務諸表を作成する。

　ただし、在外支店の決算整理後残高試算表は外国通貨で作成されているため、合算を行う前に、円貨に換算する必要がある。

〈在外支店の全体像〉

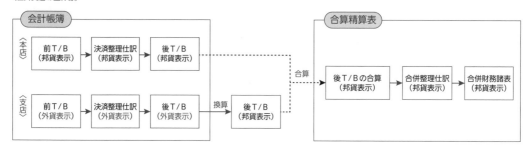

2　換算手順

　まず、貸借対照表を換算し貸借差額により当期純利益を算定する。次に、損益計算書を換算し貸借差額を「為替差損益」勘定として計上する。

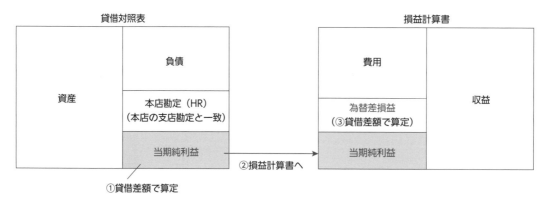

3　在外支店の換算方法

(1)　換算方法

原則		本店の外貨建取引と同様に処理する。
容認	① 収益及び費用の換算の特例（ＡＲ）	収益・費用（前受金及び前受収益等の収益性負債の収益化額，前払金・前払費用等の費用性資産の費用化額及び本店仕入等の照合勘定を除く）の換算については，期中平均相場（ＡＲ）によることができる。
	② 外貨表示財務諸表項目の換算の特例（ＣＲ）	在外支店の外国通貨で表示された財務諸表項目の換算にあたり，非貨幣性項目の額に重要性がない場合，すべての貸借対照表項目（本店勘定を除く）について，決算時の為替相場（ＣＲ）で換算することができる。なお，この場合においては，収益・費用の換算についても決算時の為替相場（ＣＲ）で換算することができる。

(2)　各項目の換算方法

項目		換算方法 原則	容認①	容認②	備考
現金預金及び金銭債権・債務（受取手形・売掛金・未収入金・貸付金・支払手形・買掛金・未払金・借入金）		ＣＲ	ＣＲ	ＣＲ	国内の企業の保有する外貨建金銭債権・債務と同じ取扱い
有価証券	① 売買目的有価証券	ＣＲ	ＣＲ	ＣＲ	国内の企業が保有する外貨建有価証券と同じ取扱い
	② 満期保有目的の債券	ＣＲ	ＣＲ	ＣＲ	
	③ その他有価証券	ＣＲ	ＣＲ	ＣＲ	
	④ 子会社株式及び関連会社株式	ＨＲ	ＨＲ	ＣＲ	
棚卸資産	① 商品評価損なし	ＨＲ	ＨＲ	ＣＲ	
	② 商品評価損あり	ＣＲ	ＣＲ	ＣＲ	
有形固定資産，無形固定資産及び繰延資産		ＨＲ	ＨＲ	ＣＲ	
本店勘定，本店仕入勘定等の照合勘定		ＨＲ	ＨＲ	ＨＲ	
収益・費用		ＨＲ	ＡＲ	AR/CR	
前受金・前受収益等の収益性負債の収益化額		ＨＲ	ＨＲ	ＣＲ	
前払金・前払費用等の費用性資産の費用化額		ＨＲ	ＨＲ	ＣＲ	

第2節　各勘定の具体的な換算方法

(1)　照合勘定

「本店」勘定、「本店仕入」勘定等の照合勘定は、合併整理仕訳において本店の照合勘定と相殺するため、本店における照合勘定の金額（未達事項整理後）となる。

(2)　売上原価

期首商品棚卸高、当期商品仕入高、期末商品棚卸高は、発生時の為替相場（ＨＲ）で換算する。また、売上原価は、各項目の円貨額の貸借差額により算定する。

なお、収益・費用の特例処理を採用した場合には、当期商品仕入高は期中平均相場（ＡＲ）で換算する。

商品

期首商品棚卸高 （HR）	売上原価の算定 （貸借差額）
当期商品仕入高 （HRorAR）	
	期末商品棚卸高 （HR）

(3)　棚卸資産

棚卸資産は、原則として、取得時の為替相場（ＨＲ）で換算する。ただし、商品評価損を計上する場合には、正味売却価額を決算時の為替相場（ＣＲ）で換算する。また、商品評価損は円貨建の帳簿価額と円貨建の正味売却価額の差額により算定する。

(4)　固定資産等

固定資産の取得原価は取得時の為替相場（ＨＲ）で換算する。また、減価償却は当該取得原価に基づいて行うため、減価償却費及び減価償却累計額についても取得時の為替相場（ＨＲ）で換算する。

(5)　貸倒引当金

貸倒引当金は決算時の為替相場（ＣＲ）で換算されている金銭債権に対して設定するため、貸倒引当金及び貸倒引当金繰入額についても決算時の為替相場（ＣＲ）で換算する。

(6)　経過勘定

見越項目は決算時に計上することになるため、決算時の為替相場（ＣＲ）で換算する。繰延項目はすでに支払っているものを繰り延べることになるため、現金支出時の為替相場（ＨＲ）で換算する。

■ 例題1　在外支店の換算　

当社は外国に支店を有している。ここで、以下の資料に基づき、円換算後の支店独自の貸借対照表及び損益計算書を作成しなさい。なお、当期純利益は貸借対照表において当期純利益として表示し、また、商品評価損は売上原価とは区分して表示することとする。

(1)　支店の決算整理後残高試算表

決算整理後残高試算表

×6年3月31日　　　　　　　　　（単位：ドル）

現 金 預 金	129	買 掛 金	350
売 掛 金	400	未 払 営 業 費	10
繰 越 商 品	190	前 受 利 息	2
建 物	800	貸 倒 引 当 金	12
売 上 原 価	800	減 価 償 却 累 計 額	180
商 品 評 価 損	10	本 店	563
営 業 費	250	売 上	1,500
貸 倒 引 当 金 繰 入 額	12	受 取 利 息	10
減 価 償 却 費	36		
	2,627		2,627

(2)　支店の商品に関する資料は次のとおりである。なお、支店はすべての商品を外部から仕入れている。

期首商品棚卸高	300ドル	仕入時の為替相場：1ドル＝114円
当期商品仕入高	700ドル	―
期末商品棚卸高	200ドル	仕入時の為替相場：1ドル＝118円

　※　期末商品の正味売却価額は190ドルである。

(3)　建物はすべて5年前に取得したものであり、取得時の為替相場は1ドル＝100円である。

(4)　支店において当期に本店から利息12ドルを受け取っており、受取時の為替相場は、1ドル＝117円である。

(5)　収益・費用項目で、特に指示のないものは、期中平均為替相場で換算する。

(6)　本店における支店勘定の金額は、56,300円である。

(7)　当期の為替相場

　　決算時の為替相場：1ドル＝120円

　　期中平均為替相場：1ドル＝115円

■ 解答解説 (単位：円) ▌▌▌

1．貸借対照表項目の換算

項 目	外貨額	換算レート	円貨額	項 目	外貨額	換算レート	円貨額
現 金 預 金	129	120 (CR)	15,480	買 掛 金	350	120 (CR)	42,000
売 掛 金	400	120 (CR)	48,000	未 払 営 業 費	10	120 (CR)	1,200
繰 越 商 品	190	120 (CR)	22,800	前 受 利 息	2	117 (HR)	234
建 物	800	100 (HR)	80,000	貸 倒 引 当 金	12	120 (CR)	1,440
				減 価 償 却 累 計 額	180	100 (HR)	18,000
				本 店	563	※1	56,300
				当 期 純 利 益	402	※2	47,106
合 計	1,519	―	166,280	合 計	1,519	―	166,280

※1　本店：本店の支店勘定
※2　当期純利益：貸借差額

2．損益計算書項目の換算

項 目	外貨額	換算レート	円貨額	項 目	外貨額	換算レート	円貨額
期首商品棚卸高	300	114 (HR)	34,200	売 上	1,500	115 (AR)	172,500
当期商品仕入高	700	115 (AR)	80,500	受 取 利 息	10	117 (HR)	1,170
商 品 評 価 損	10	※3	800	期末商品棚卸高	200	118 (HR)	23,600
営 業 費	250	※4	28,800				
貸倒引当金繰入額	12	120 (CR)	1,440				
減 価 償 却 費	36	100 (HR)	3,600				
為 替 差 損	―	※5	824				
当 期 純 利 益	402	※2	47,106				
合 計	1,710	―	197,270	合 計	1,710	―	197,270

※3　商品評価損：23,600（期末商品棚卸高）－ 22,800（期末商品正味売却価額）＝ 800
※4　営業費：240ドル（未払営業費を除いた額）×@115（AR）＋ 10ドル（未払営業費）×@120（CR）＝ 28,800
※5　為替差損：貸借差額

３．換算後の支店独自の財務諸表

貸 借 対 照 表

現 金 預 金	15,480	買 掛 金	42,000
売 掛 金	48,000	未 払 費 用	1,200
貸 倒 引 当 金	△1,440	前 受 収 益	234
商 品	22,800	本 店	56,300
建 物	80,000	当 期 純 利 益	47,106
減 価 償 却 累 計 額	△18,000		
	146,840		146,840

損 益 計 算 書

売 上 原 価	91,100	売 上 高	172,500
商 品 評 価 損	800	受 取 利 息	1,170
営 業 費	28,800		
貸 倒 引 当 金 繰 入 額	1,440		
減 価 償 却 費	3,600		
為 替 差 損	824		
当 期 純 利 益	47,106		
	173,670		173,670

※　売上原価は、期首商品棚卸高、当期商品仕入高、期末商品棚卸高の**円貨額の貸借差額**により算定する。

商品

期首商品棚卸高 34,200	売上原価 91,100
当期商品純仕入高 80,500	期末商品棚卸高 23,600

第**34**章

在外子会社

第1節 在外子会社の概要

1 在外子会社の全体像

　在外子会社を有している場合、通常の連結会計と同様に、親会社、子会社それぞれの個別財務諸表を合算し、連結修正仕訳を行うことにより、連結財務諸表を作成する。

　ただし、在外子会社の個別財務諸表が外貨表示で作成されているため、合算を行う前に、**円貨に換算する必要がある**。

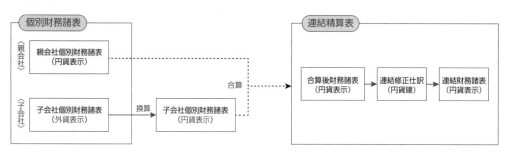

2 換算の基本的な考え方

　在外子会社は、独立事業体としての性格が強くなり、現地通貨による測定値そのものを重視する立場から単一の為替相場を用いて換算する方法が採用されている。

〔在外支店と在外子会社の換算方法の比較〕

	換算方法	考え方
在外支店	原則として、本店の外貨建取引と同様に換算する	本国の事業体に従属しているという経済的実態を重視（本国主義）
在外子会社	単一の為替相場を用いて換算する	本国の事業体から独立しているという経済的実態を重視（現地主義）

3 換算の順序

　　　① 損益計算書　　　② 株主資本等変動計算書　　　③ 貸借対照表

4　具体的な換算方法

(1)　損益計算書の換算

収益、費用及び当期純利益	原則：期中平均相場（ＡＲ）
	容認：決算時の為替相場（ＣＲ）
親会社との取引により生じた収益及び費用	親会社の換算相場で換算（ＨＲ）
損益計算書の換算差額	「為替差損益」勘定で処理

換算後の損益計算書

(2)　株主資本等変動計算書の換算

支配獲得時	株主資本	支配獲得時の為替相場（ＨＲ）
	評価・換算差額等	
支配獲得後	株主資本	発生時の為替相場（ＨＲ）※1
	評価・換算差額等	実質、決算時の為替相場（ＣＲ）※2

※1　支配獲得後の株主資本のうち、利益剰余金の増減額は以下のように換算する。

　　　配当金：配当決議日における為替相場（ＨＲ）

　　　純利益：各年度における期中平均相場（ＡＲ）※

　※　収益・費用を決算時の為替相場（ＣＲ）により換算した場合、純利益の換算も決算時の為替相場（ＣＲ）により換算する。

※2　評価・換算差額等に属する項目は、決算整理仕訳により発生するため、当該項目の発生時の為替相場と決算時の為替相場は一致する。

利益剰余金

配当金（HR）	利益剰余金期首残高 　取得時利益剰余金（HR） 　取得後利益剰余金（AR）※
利益剰余金期末残高 （貸借差額）	当期純利益（AR）

　※　過年度の配当金は当該配当時の為替相場（ＨＲ）で控除されている。

(3) 貸借対照表の換算

資産・負債	決算時の為替相場（CR）
純資産項目	株主資本等変動計算書で算定した金額（当期末残高）
貸借対照表の換算差額	純資産の部のその他の包括利益累計額に「為替換算調整勘定」として計上

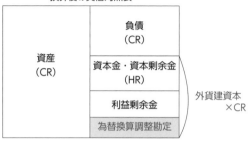

換算後の貸借対照表

為替換算調整勘定 ＝ 外貨建株主資本×決算時の為替相場（CR）－株主資本の円貨額

〔在外子会社の換算方法まとめ〕

	項目		換算方法
損益計算書項目	収益及び費用（当期純利益を含む）		原則：期中平均相場（AR）
			容認：決算時の為替相場（CR）
	親会社との取引による収益及び費用		親会社が換算した為替相場（HR）
	損益計算書の換算差額：「為替差損益」として処理する		
貸借対照表項目	資産及び負債		決算時の為替相場（CR）
	純資産	支配獲得時における株主資本及び評価・換算差額に属する項目	支配獲得時の為替相場（HR）
		支配獲得後に生じた株主資本に属する項目	発生時の為替相場（HR・AR）
		支配獲得後に生じた評価・換算差額等に属する項目	決算時の為替相場（CR）（発生時の為替相場（HR）と一致）
	貸借対照表の換算差額：「為替換算調整勘定」として処理する		

■ 例題 1　在外子会社の財務諸表項目の換算　　　　　　　　重要度 A

以下の資料に基づき、各設問に答えなさい。なお、税金及び税効果会計は考慮しないものとする。

1．×2年3月期の換算に関する資料

(1)　P社は×1年4月1日に外国に100％子会社（S社）を設立した。

(2)　S社の×2年3月期の個別財務諸表は次のとおりである。

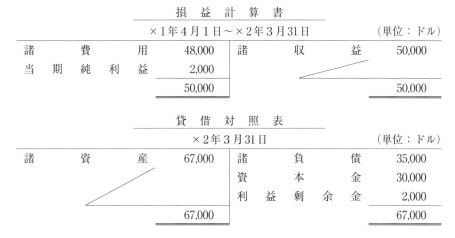

損　益　計　算　書

×1年4月1日～×2年3月31日　　　　　　（単位：ドル）

諸　　費　　用	48,000	諸　　収　　益	50,000
当 期 純 利 益	2,000		
	50,000		50,000

貸　借　対　照　表

×2年3月31日　　　　　　　　　（単位：ドル）

諸　　資　　産	67,000	諸　　負　　債	35,000
		資　　本　　金	30,000
		利 益 剰 余 金	2,000
	67,000		67,000

(3)　換算に用いる為替相場は次のとおりである。

S社設立時の為替相場	1ドル＝110円
期中平均相場	1ドル＝114円
決算時の為替相場	1ドル＝115円

2．×3年3月期の換算に関する資料

(1)　S社の×3年3月期の個別財務諸表は次のとおりである。

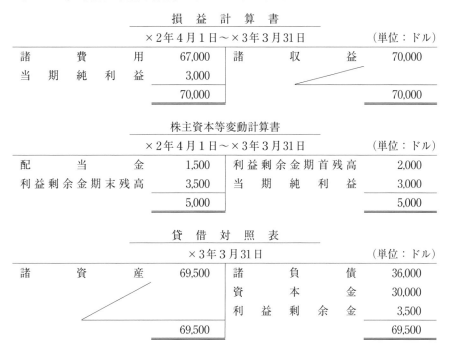

損　益　計　算　書

×2年4月1日～×3年3月31日　　　　　　（単位：ドル）

諸　　費　　用	67,000	諸　　収　　益	70,000
当 期 純 利 益	3,000		
	70,000		70,000

株主資本等変動計算書

×2年4月1日～×3年3月31日　　　　　　（単位：ドル）

配　　当　　金	1,500	利 益 剰 余 金 期 首 残 高	2,000
利 益 剰 余 金 期 末 残 高	3,500	当 期 純 利 益	3,000
	5,000		5,000

貸　借　対　照　表

×3年3月31日　　　　　　　　　（単位：ドル）

諸　　資　　産	69,500	諸　　負　　債	36,000
		資　　本　　金	30,000
		利 益 剰 余 金	3,500
	69,500		69,500

(2)　S社の諸負債にはP社からの借入金5,000ドルが含まれている（借入時の為替相場1ドル＝116円）。

(3)　S社の諸費用にはP社に対する支払利息150ドルが含まれている（支払時の為替相場1ドル＝119円）。

(4)　換算に用いるその他の為替相場は次のとおりである。

配当時の為替相場	1ドル＝117円
期中平均相場	1ドル＝118円
決算時の為替相場	1ドル＝120円

問1　×2年3月期のS社の換算後の財務諸表を作成しなさい。

問2　×3年3月期のS社の換算後の財務諸表を作成しなさい。

■ 解答解説（単位：円）||||||||||||||||||||||||||||||||||||||||||||||||||||||||||||||||||||||||||||||||

問1

損 益 計 算 書
×1年4月1日～×2年3月31日

科　目	外貨額	換算相場	円貨額	科　目	外貨額	換算相場	円貨額
諸　費　用	48,000	AR 114	5,472,000	諸　収　益	50,000	AR 114	5,700,000
当 期 純 利 益	2,000	AR 114	228,000				
合　　　計	50,000	—	5,700,000	合　　　計	50,000	—	5,700,000

株主資本等変動計算書
×1年4月1日～×2年3月31日

科　目	外貨額	換算相場	円貨額	科　目	外貨額	換算相場	円貨額
利益剰余金期末残高	2,000	—	228,000	当 期 純 利 益	2,000	AR 114	228,000
合　　　計	2,000	—	228,000	合　　　計	2,000	—	228,000

貸 借 対 照 表
×2年3月31日

科　目	外貨額	換算相場	円貨額	科　目	外貨額	換算相場	円貨額
諸　資　産	67,000	CR 115	7,705,000	諸　負　債	35,000	CR 115	4,025,000
				資　本　金	30,000	HR 110	3,300,000
				利 益 剰 余 金	2,000	※	228,000
				為替換算調整勘定	—	—	152,000
合　　　計	67,000	—	7,705,000	合　　　計	67,000	—	7,705,000

※　株主資本等変動計算書の利益剰余金期末残高

問2

損　益　計　算　書

×2年4月1日～×3年3月31日

科　目	外貨額	換算相場	円貨額	科　目	外貨額	換算相場	円貨額
諸　費　用	67,000	※1	7,906,150	諸　収　益	70,000	AR 118	8,260,000
当 期 純 利 益	3,000	AR 118	354,000	為 替 差 益	—	※2	150
合　　　計	70,000	—	8,260,150	合　　　計	70,000	—	8,260,150

※1　66,850ドル×@118（AR）＋150ドル×@119（HR）＝7,906,150

※2　150ドル× ｜@119（HR）－@118（AR）｜ ＝150

株主資本等変動計算書

×2年4月1日～×3年3月31日

科　目	外貨額	換算相場	円貨額	科　目	外貨額	換算相場	円貨額
配　当　金	1,500	HR 117	175,500	利益剰余金期首残高	2,000	—	228,000
利益剰余金期末残高	3,500	—	406,500	当 期 純 利 益	3,000	AR 118	354,000
合　　　計	5,000	—	582,000	合　　　計	5,000	—	582,000

貸　借　対　照　表

×3年3月31日

科　目	外貨額	換算相場	円貨額	科　目	外貨額	換算相場	円貨額
諸　資　産	69,500	CR 120	8,340,000	諸　負　債	36,000	CR 120	4,320,000
				資　本　金	30,000	HR 110	3,300,000
				利 益 剰 余 金	3,500	※	406,500
				為替換算調整勘定	—	—	313,500
合　　　計	69,500	—	8,340,000	合　　　計	69,500	—	8,340,000

※　株主資本等変動計算書の利益剰余金期末残高

参考 収益費用を決算時の為替相場で換算する方法の場合

問1

損 益 計 算 書

×1年4月1日～×2年3月31日

科　目	外貨額	換算相場	円貨額	科　目	外貨額	換算相場	円貨額
諸　費　用	48,000	CR 115	5,520,000	諸　収　益	50,000	CR 115	5,750,000
当 期 純 利 益	2,000	CR 115	230,000				
合　　　計	50,000	—	5,750,000	合　　　計	50,000	—	5,750,000

株主資本等変動計算書

×1年4月1日～×2年3月31日

科　目	外貨額	換算相場	円貨額	科　目	外貨額	換算相場	円貨額
利益剰余金期末残高	2,000	—	230,000	当 期 純 利 益	2,000	CR 115	230,000
合　　　計	2,000	—	230,000	合　　　計	2,000	—	230,000

貸 借 対 照 表

×2年3月31日

科　目	外貨額	換算相場	円貨額	科　目	外貨額	換算相場	円貨額
諸　資　産	67,000	CR 115	7,705,000	諸　負　債	35,000	CR 115	4,025,000
				資　本　金	30,000	HR 110	3,300,000
				利 益 剰 余 金	2,000	※	230,000
				為替換算調整勘定	—	—	150,000
合　　　計	67,000	—	7,705,000	合　　　計	67,000	—	7,705,000

※　株主資本等変動計算書の利益剰余金期末残高

第2節　資本連結

1 評価差額の計上

　外貨建により評価差額を把握し、支配獲得時の為替相場で換算する。なお、子会社の資産・負債の時価評価は支配獲得時に一度だけ行うため、円換算後の評価差額は固定される。

2 のれんの取扱い

　のれんは、支配獲得時に外国通貨で把握し、発生時の為替相場（＝決算時の為替相場）で換算する。また、のれん償却額は原則として期中平均相場により、他の費用と同様に換算し、のれんの期末残高については決算時の為替相場により換算する。

　したがって、のれんの期末残高とのれんの償却額の両者の換算から為替換算調整勘定が発生する。

　なお、負ののれんは、外国通貨で把握するが、発生時の為替相場で換算し、生じた年度の利益として処理されるため為替換算調整勘定は生じない。

〔のれんの換算〕

支配獲得時	外国通貨で把握し、発生時の為替相場で換算
のれん償却額	期中平均相場で換算
当期末残高（貸借対照表計上額）	決算時の為替相場で換算
負ののれん発生益	外国通貨で把握し、発生時の為替相場で換算

3 為替換算調整勘定

(1) 発生原因

為替換算調整勘定は、子会社の資本（評価差額を含む）及びのれんから発生する。

> 資本に係る為替換算調整勘定 ＝ 子会社の外貨建資本 × ＣＲ － 子会社の円貨建資本

> のれんに係る為替換算調整勘定 ＝ のれん当期末外貨額 × ＣＲ－（のれん発生時円貨額 － 円貨額のれん償却額）

(2) 連結修正仕訳

① 資本に係る為替換算調整勘定の按分

資本に係る為替換算調整勘定は、その他有価証券評価差額金と同様に、持分比率に基づき按分する。

（借）為替換算調整勘定－当期変動額	×××	（貸）非支配株主持分－当期変動額	×××

※ 資本に係る為替換算調整勘定の増加額×非持比率

② のれんに係る為替換算調整勘定の計上

のれんは親会社持分に係るものであるため、のれんに係る為替換算調整勘定は全額親会社に帰属する。よって、非支配株主持分に按分しない。

（借）の　　れ　　ん	×××	（貸）為替換算調整勘定－当期変動額	×××

※ のれんに係る為替換算調整勘定の増加額

(3) 連結貸借対照表計上額

内訳		処理方法
資本に係る為替換算調整勘定	親会社持分	為替換算調整勘定に計上
	非支配株主持分	非支配株主持分に計上
のれんに係る為替換算調整勘定	親会社持分	為替換算調整勘定に計上

(4) 包括利益計算書上の為替換算調整勘定の表示

為替換算調整勘定の当期変動額合計が、包括利益計算書のその他の包括利益に、為替換算調整勘定の名称で計上される。

■ 例題2 資本連結

以下の資料に基づき、×2年3月期の連結損益及び包括利益計算書、連結貸借対照表を作成しなさい。

(1) P社は×1年3月31日にS社株式の60%を4,600ドルで取得し、外国企業のS社を子会社とした。

(2) ×1年3月31日のS社の資本勘定は次のとおりである。

資本金	利益剰余金
5,000ドル	2,000ドル

(3) ×1年3月31日のS社の土地（簿価3,500ドル）の時価は4,000ドルである。

(4) P社及びS社の×2年3月期の財務諸表は次のとおりである。

損 益 計 算 書

×1年4月1日～×2年3月31日（P社：円　S社：ドル）

勘 定 科 目	P　　社	S　　社	勘 定 科 目	P　　社	S　　社
諸 費 用	32,500,000	28,500	諸 収 益	35,000,000	30,000
当 期 純 利 益	2,500,000	1,500			
	35,000,000	30,000		35,000,000	30,000

貸 借 対 照 表

×2年3月31日現在　　　（P社：円　S社：ドル）

勘 定 科 目	P　　社	S　　社	勘 定 科 目	P　　社	S　　社
諸 資 産	15,471,000	16,000	諸 負 債	7,400,000	7,500
子 会 社 株 式	529,000		資 本 金	5,000,000	5,000
			利 益 剰 余 金	3,600,000	3,500
	16,000,000	16,000		16,000,000	16,000

(5) のれんは発生年度の翌期から10年間にわたり定額法により償却する。

(6) 税金及び税効果会計は考慮しない。

(7) 剰余金の配当は行われていない。

(8) 換算に用いる為替相場は、次のとおりである。

×1年3月31日の為替相場	1ドル＝115円
期中平均相場	1ドル＝120円
×2年3月31日の為替相場	1ドル＝122円

■ 解答解説（単位：円）

1．評価差額の計上

（借）諸　　資　　産	500	（貸）評　価　差　額	500

※　評価差額は外貨建により計上する。

２．タイム・テーブル

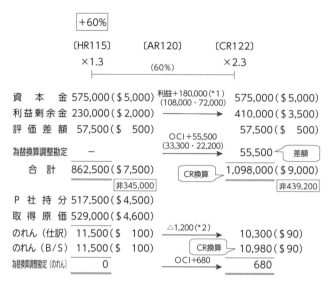

※１　Ｓ社利益（円貨）：1,500 ドル（Ｓ社利益）×@120（ＡＲ）＝180,000
※２　のれん償却額（円貨）：10 ドル（のれん償却額）×@120（ＡＲ）＝1,200

３．在外子会社の財務諸表項目の換算

損　益　計　算　書
×１年４月１日〜×２年３月31日

科　目	外貨額	換算相場	円貨額	科　目	外貨額	換算相場	円貨額
諸　費　用	28,500	AR 120	3,420,000	諸　収　益	30,000	AR 120	3,600,000
当 期 純 利 益	1,500	AR 120	180,000				
合　　　計	30,000	—	3,600,000	合　　　計	30,000	—	3,600,000

株主資本等変動計算書
×１年４月１日〜×２年３月31日

科　目	外貨額	換算相場	円貨額	科　目	外貨額	換算相場	円貨額
利益剰余金期末残高	3,500	—	410,000	利益剰余金期首残高	2,000	HR 115	230,000
				当 期 純 利 益	1,500	AR 120	180,000
合　　　計	3,500	—	410,000	合　　　計	3,500	—	410,000

貸借対照表（評価差額計上後）
×２年３月31日

科　目	外貨額	換算相場	円貨額	科　目	外貨額	換算相場	円貨額
諸　資　産	16,500	CR 122	2,013,000	諸　負　債	7,500	CR 122	915,000
				資　本　金	5,000	HR 115	575,000
				利 益 剰 余 金	3,500	※	410,000
				評 価 差 額	500	HR 115	57,500
				為替換算調整勘定	—	—	55,500
合　　　計	16,500	—	2,013,000	合　　　計	16,500	—	2,013,000

※　株主資本等変動計算書の利益剰余金期末残高

4．連結修正仕訳

(1)　投資と資本の相殺消去（開始仕訳）

（借）資　本　金－当期首残高	575,000	（貸）子　会　社　株　式	529,000
利益剰余金－当期首残高	230,000	非支配株主持分－当期首残高	345,000※2
評　価　差　額	57,500		
の　　れ　　ん	11,500※1		

※1　のれん：529,000（子会社株式）－862,500（X1.3資本合計）×60％（P社比率）＝ 11,500

※2　非支配株主持分：862,500（X1.3資本合計）×40％（非持比率）＝ 345,000

(2)　当期の連結修正仕訳

①　利益の按分

（借）非支配株主に帰属する当期純損益	72,000	（貸）非支配株主持分－当期変動額	72,000

※　180,000（S社利益）×40％（非持比率）＝ 72,000

②　のれんの償却

（借）の　れ　ん　償　却　額	1,200	（貸）の　　れ　　ん	1,200

※　100ドル（のれん計上額）÷10年（償却年数）×@120（AR）＝ 1,200

③　資本に係る為替換算調整勘定の増加額の按分

（借）為替換算調整勘定－当期変動額	22,200	（貸）非支配株主持分－当期変動額	22,200

※　55,500（資本に係る為調増加額）×40％（非持比率）＝ 22,200

④　のれんに係る為替換算調整勘定の計上

（借）の　　れ　　ん	680	（貸）為替換算調整勘定－当期変動額	680

※　90ドル（のれん未償却額）×@122（CR）－｜11,500（のれん計上額）－1,200（のれん償却額）｜＝ 680

5．連結財務諸表

連結損益及び包括利益計算書

×1年4月1日〜×2年3月31日

諸収益	38,600,000
諸費用	35,920,000
のれん償却	1,200
当期純利益	2,678,800[※1]
（内訳）	
親会社株主に帰属する当期純利益	2,606,800[※2]
非支配株主に帰属する当期純利益	72,000
その他の包括利益：	
為替換算調整勘定	56,180[※3]
その他の包括利益合計	56,180
包括利益	2,734,980[※4]
（内訳）	
親会社株主に係る包括利益	2,640,780[※5]
非支配株主に係る包括利益	94,200[※6]

※1　2,606,800（親会社株主に帰属する当期純利益[※2]）＋72,000（非支配株主に帰属する当期純利益）＝2,678,800

※2　2,500,000（P社）＋108,000（取得後剰余金）－1,200（のれん償却額）＝2,606,800

※3　55,500（資本に係る為調増加額）＋680（のれんに係る為調増加額）＝56,180

※4　2,678,800（当期純利益[※1]）＋56,180（その他の包括利益[※3]）＝2,734,980

※5　2,606,800（親会社株主に帰属する当期純利益[※2]）＋33,980（親会社株主に係るその他の包括利益※）＝2,640,780
　　※　33,300（資本に係る為調増加額のうちP社持分）＋680（のれんに係る為調増加額）＝33,980

※6　72,000（非支配株主に帰属する当期純利益）＋22,200（非支配株主に係るその他の包括利益※）＝94,200
　　※　22,200（資本に係る為調増加額のうち非持分）

連結貸借対照表

×2年3月31日

諸　　資　　産	17,484,000[※7]	諸　　負　　債	8,315,000
の　れ　ん	10,980	資　　本　　金	5,000,000
		利　益　剰　余　金	3,706,800[※8]
		為替換算調整勘定	33,980[※9]
		非　支　配　株　主　持　分	439,200[※10]
	17,494,980		17,494,980

※7　15,471,000（P社）＋1,952,000（S社）＋61,000（評価差額）＝17,484,000

※8　3,600,000（P社）＋108,000（取得後剰余金）－1,200（のれん償却額）＝3,706,800

※9　33,300（資本に係る為調増加額のうちP社持分）＋680（のれんに係る為調増加額）＝33,980

※10　1,098,000（X2.3資本合計）×40％（非持比率）＝439,200

個別キャッシュ・
フロー計算書

第1節　総論

1　意義

　キャッシュ・フロー計算書（CS：Cash Flow Statement）とは、企業の一会計期間におけるキャッシュ・フロー（資金の増加又は減少）の状況を報告するための財務諸表である。

　キャッシュ・フロー計算書は、企業の資金を獲得する能力、債務の支払能力、配当金の支払能力並びに資金調達の必要性等に関して評価するための情報を、株主、債権者及びその他の利害関係者に提供することを目的として作成される。

2　表示区分

　キャッシュ・フロー計算書においては、キャッシュ・フローの状況を一定の活動区分別に表示する。

表示区分	① 営業活動によるキャッシュ・フロー
	営業活動（主たる業務）からどの程度の資金を獲得しているのかを示す。
	② 投資活動によるキャッシュ・フロー
	資金をどの程度将来の利益獲得のために投資しているのかを示す。
	③ 財務活動によるキャッシュ・フロー
	営業活動・投資活動のためにどの程度の資金が調達されているのかを示す。

〔キャッシュ・フロー計算書のイメージ〕

3　小計の表示方法

　営業活動のキャッシュ・フローにおける小計の表示方法には、以下の2つが認められている。

直接法	主要な取引ごとに営業活動によるキャッシュ・フローを総額表示する方法
間接法	税引前当期純利益に必要な調整を加えて営業活動によるキャッシュ・フローを表示する方法

4　ひな型

(1)　直接法により表示した場合

Ⅰ　営業活動によるキャッシュ・フロー

営業収入	×××
原材料又は商品の仕入れによる支出	△×××
人件費の支出	△×××
その他の営業支出	△×××
小　計	×××
利息及び配当金の受取額	×××
利息の支払額	△×××
法人税等の支払額	△×××
営業活動によるキャッシュ・フロー	×××

Ⅱ　投資活動によるキャッシュ・フロー

有価証券の取得による支出	△×××
有価証券の売却による収入	×××
有形固定資産の取得による支出	△×××
有形固定資産の売却による収入	×××
投資有価証券の取得による支出	△×××
投資有価証券の売却による収入	×××
貸付けによる支出	△×××
貸付金の回収による収入	×××
投資活動によるキャッシュ・フロー	×××

Ⅲ　財務活動によるキャッシュ・フロー

短期借入れによる収入	×××
短期借入金の返済による支出	△×××
長期借入れによる収入	×××
長期借入金の返済による支出	△×××
社債の発行による収入	×××
社債の償還による支出	△×××
株式の発行による収入	×××
自己株式の取得による支出	△×××
配当金の支払額	△×××
財務活動によるキャッシュ・フロー	×××

Ⅳ　現金及び現金同等物に係る換算差額	×××
Ⅴ　現金及び現金同等物の増減額（△は減少）	×××
Ⅵ　現金及び現金同等物の期首残高	×××
Ⅶ　現金及び現金同等物の期末残高	×××

⑵ 間接法により表示した場合

Ⅰ 営業活動によるキャッシュ・フロー

税引前当期純利益	×××
減価償却費	×××
貸倒引当金の増減額（△は減少）	×××
受取利息及び受取配当金	△×××
支払利息	×××
為替差損益（△は益）	×××
有形固定資産売却損益（△は益）	×××
売上債権の増減額（△は増加）	×××
棚卸資産の増減額（△は増加）	×××
仕入債務の増減額（△は減少）	×××
小　計	×××

※　小計の金額は、直接法と同額である。

※　小計より下の表示は、直接法と同様である。

参考 損益計算書と直接法のキャッシュ・フロー計算書の関係

　直接法の「営業収入」は売上高に、「商品の仕入れによる支出」は売上原価に対応する。また、「人件費の支出」及び「その他の営業支出」は、販売費及び一般管理費に対応する。

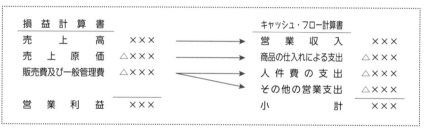

第2節　資金（キャッシュ）の範囲

キャッシュ・フロー計算書には**資金の増減取引**が記載される。ここで、キャッシュ・フロー計算書が対象とする資金の範囲は、**現金及び現金同等物**をいう。

1 現金の意義

現金とは、**手許現金及び要求払預金**（＝預金者が一定の期間を経ることなく引き出すことができる預金）をいう。

〔要求払預金の具体例〕

当座預金、普通預金、通知預金等

　　※　定期預金は、要求払預金に該当しない点に留意すること。

2 現金同等物の意義

現金同等物とは、容易に換金可能であり、かつ、価値変動について僅少なリスクしか負わない短期投資をいう。ここで、現金同等物に該当するための要件を示すと以下のとおりである。

① 容易な換金可能性

投資対象物が何時でも、現金と交換することが可能な市場が存在すること、又は市場が物理的に存在しない場合であっては、市場が存在するのと同程度の高度な流通性を投資対象物が有していること。

② 僅少な価値変動リスク

投資した時点において、投資終了時における換金額が確定しているか、合理的に僅少な誤差の範囲内で換金額を予測できる投資対象物であること。市場性のある株式等は換金が容易であっても、価値変動のリスクが僅少とはいえないため現金同等物には含まれない。

③ 短期投資

例えば、取得日から満期日又は償還日までの期間が**３ヶ月以内**の短期間の運用を意図したものが挙げられる。

　　※　短期か否かの判断基準は、当初の契約期間であり、「決算日の翌日から起算して」ではない点に留意すること。すなわち、**貸借対照表項目を長短分類する際の一年基準と異なる。**

〔現金同等物の具体例〕

預入日から満期日までの期間が**３ヶ月以内**の短期投資である定期預金、譲渡性預金、コマーシャル・ペーパー、売戻し条件付現先、公社債投資信託等

　　※　上記の具体例は現金同等物に該当する一般的な例を示しているが、資金の範囲に含める現金同等物の内容は、各企業の営業取引状況や資金管理状況により異なるため、企業毎に会計方針として決められる。よって、問題上は指示に従うことになる。

参考　**当座借越**

当座借越は貸借対照表上、短期借入金として表示するが、キャッシュ・フロー計算書上は、当座借越が企業の日常の資金管理活動において**現金同等物とほとんど同様に利用されている**場合には、財務活動とみるより、資金管理活動として考えられるため、**負の現金及び現金同等物**（現金及び現金同等物のマイナス）として扱う。

当座借越が明らかに**資金調達活動**と判断される場合は、借入金と同様に**財務活動によるキャッシュ・フロー**の区分に記載する。

■ 例題 1　資金の範囲

以下の資料に基づき、キャッシュ・フロー計算書の「現金及び現金同等物の期末残高」の金額を答えなさい。

(1)　当期末（×5年3月31日）の貸借対照表における現金預金は700,000円であり、その内訳は現金100,000円、当座預金380,000円、定期預金220,000円である。なお、預入日から満期日までの期間が3ヶ月以内の定期預金は、現金同等物とする。

(2)　定期預金の内訳は次のとおりである。

預入日	満期日	金額
×3年6月1日	×5年5月31日	90,000円
×5年1月1日	×5年6月30日	60,000円
×5年3月1日	×5年5月31日	70,000円

■ 解答解説（単位：円）

現金及び現金同等物の期末残高：700,000（現金預金）− 150,000（預入期間3ヶ月超の定期預金※）＝ 550,000

※　90,000（預入期間24ヶ月）＋ 60,000（預入期間6ヶ月）＝ 150,000

3 キャッシュ・フロー計算書に記載されない取引

資金の増減を伴わない取引はキャッシュ・フロー計算書に記載されない。

① 現金及び現金同等物相互間の取引

現金と当座預金や現金と預入期間が3ヶ月以内の定期預金相互間の取引は、**現金及び現金同等物同士の取引**であるため、現金及び現金同等物の増減を伴わない。よって、キャッシュ・フロー計算書には記載されない。

② 交換取引等

固定資産同士の交換取引や転換社債型新株予約権付社債の株式への転換等は、現金及び現金同等物の増減を伴わない。よって、キャッシュ・フロー計算書には記載されない。

第3節　営業活動によるキャッシュ・フロー（直接法）

1 　営業収入

　　営業収入は損益計算書の**売上高**をもとに算定する。具体的には、売上高に対して、売上債権の増減、前受金の増減、売上債権に関する為替差損益、貸倒高などを加減して算定する。なお、算定に当たっては、営業収入に係る現金勘定を作成し、勘定分析することで求める。

〔営業収入の勘定分析まとめ〕

① 売上債権の期首・期末残高	資産であるため、期首残高は借方、期末残高は貸方に記入する
② 前受金の期首・期末残高	負債であるため、期首残高は貸方、期末残高は借方に記入する
③ 売上債権に係る為替差損益	為替差益は借方、為替差損は貸方に記入する
④ 貸倒高	キャッシュ・インフローを伴わないため、貸方に記入する
⑤ 手形売却損・手形の裏書高	債権が減少しているにもかかわらずキャッシュ・インフローを伴わないため、貸方に記入する
⑥ 償却債権取立益	キャッシュ・インフローを伴うため、借方に記入する

■ 例題 2 　営業収入
　　　　　　　　　　　　　　　　　　　　　　　　　　　　　　　　　　　　重要度 Ⓒ

以下の資料に基づき、営業収入の金額を答えなさい。

(1)　前期末及び当期末の貸借対照表及び当期の損益計算書の一部

貸 借 対 照 表　　　　　　　　　　（単位：円）

勘 定 科 目	前 期 末	当 期 末	勘 定 科 目	前 期 末	当 期 末
受 取 手 形	160,000	140,000	前 受 金	10,000	20,000
売 掛 金	100,000	170,000	貸 倒 引 当 金	1,500	3,600

損 益 計 算 書　　　　　　　　　　（単位：円）

貸 倒 引 当 金 繰 入 額	2,900	売 上 高	800,000
貸 倒 損 失	600	為 替 差 益	2,000

(2)　当期中に売掛金1,400円が貸倒れた。貸倒高のうち800円は前期販売分である。

(3)　損益計算書の為替差益は、売掛金20,000円の決済時に生じたものである。

(4)　売上債権残高に対して差額補充法により貸倒引当金を設定している。

■ 解答解説（単位：円） ||||||||||||||||||||||||||||||||||||||||||||||||||||||||||||||||||||||||||||||||||||||||||||||||||||||

〔営業収入の勘定分析〕

営　業　収　入

損益計算書の売上高	800,000	期 末・受 取 手 形	140,000
期 首・受 取 手 形	160,000	期 末・売 掛 金	170,000
期 首・売 掛 金	100,000	期 首・前 受 金	10,000
期 末・前 受 金	20,000	貸 倒 引 当 金	800※
為 替 差 益	2,000	貸 倒 損 失	600
		営　業　収　入	760,600
	1,082,000		1,082,000

※　1,500（期首）＋2,900（繰入額）－3,600（期末）＝800

考え方

商品をすべて現金販売していると仮定した場合、営業収入は800,000となる（P／Lの売上高と一致）。

しかし、売掛金等の売上に関するB／S項目を原因として、営業収入と売上高は一致しない。

したがって、現金販売を前提とした売上高800,000に売上債権の期首残高及び期末残高等を加減する必要がある。

1．売上債権の調整

(1) 期首資産 → キャッシュのプラス

期首売掛金は当期に回収されるため、回収時にキャッシュが100,000増加する（下記仕訳参照）。ここで、当該増加高は売上に含まれていないため、勘定分析に際して借方に記入する。

（借）現　　金　　預　　金	100,000	（貸）売　　　　掛　　　　金	100,000

(2) 期末資産 → キャッシュのマイナス

期末売掛金に焦点を当てて仕訳を行うと下記のようになる。ここで、期末売掛金は当期中に回収されていないため、売上が170,000発生しているものの、キャッシュは増加しない。

つまり、売上800,000のうち170,000はキャッシュのプラスを伴わないため、勘定分析に際して貸方に記入する。

（借）売　　　　掛　　　　金	170,000	（貸）売　　　　　　　　上	170,000

※　受取手形についても同様の考え方に基づき調整する。

2．前受金の調整

(1) 期首負債 → キャッシュのマイナス

期首前受金の分だけ当期に商品を販売しているため、販売時に売上は10,000発生する（下記仕訳参照）。ここで、売上が10,000発生しているものの、キャッシュは増加しない。

つまり、売上高800,000のうち10,000はキャッシュのプラスを伴わないため、勘定分析に際して貸方に記入する。

（借）前　　　　受　　　　金	10,000	（貸）売　　　　　　　　上	10,000

⑵　期末負債 → キャッシュのプラス

　　期末前受金に焦点を当てて仕訳を行うと下記のようになり、前受金受領時にキャッシュが20,000増加することが分かる。ここで、当該増加額は売上に含まれていないため、勘定分析に際して借方に記入する。

（借）現　金　預　金	20,000	（貸）前　受　金	20,000

3．貸倒高の調整 → キャッシュのマイナス

売掛金の減少額のうち、貸倒高1,400についてはキャッシュの増加を伴わないため、1,400減算する。

（借）貸　倒　損　失	600	（貸）売　掛　金	1,400
貸　倒　引　当　金	800		

4．売上債権に係る為替差損益の調整 → キャッシュのプラス

売掛金の決済高のうち為替差益2,000について、キャッシュの増加を伴うため、2,000加算する。

（借）現　金　預　金	22,000	（貸）売　掛　金	20,000
		為　替　差　益	2,000

具体例 売上債権に係る為替差損益

1. 決済差損益の場合

期首に売掛金を 50,000 保有しており、当期中に 40,000 を回収し、回収時に為替差益 1,000 が生じた場合

営業収入	
期首売上債権 50,000	当期現金回収高 41,000
為替差益 1,000	期末売上債権 10,000

〈売掛金回収時〉
(借方) 現金預金　41,000　　　(貸方) 売 掛 金　40,000
　　　　　　　　　　　　　　　　　　為替差益　 1,000

期首に売掛金を 50,000 保有しており、当期中に 40,000 を回収し、回収時に為替差損 2,000 が生じた場合

営業収入	
期首売上債権 50,000	当期現金回収高 38,000
	為替差損 2,000
	期末売上債権 10,000

〈売掛金回収時〉
(借方) 現金預金　38,000　　　(貸方) 売掛金　40,000
　　　　為替差損　 2,000

2. 換算差損益の場合

期首に売掛金を 50,000 保有しており、当期中に 40,000 を回収し、決算時に為替差益 1,000 が生じた場合

営業収入	
期首売上債権 50,000	当期現金回収高 40,000
為替差益 1,000	期末売上債権 11,000

〈売掛金回収時〉
(借方) 現金預金　40,000　　　(貸方) 売掛金　40,000
〈決算整理仕訳〉
(借方) 売掛金　 1,000　　　(貸方) 為替差益　 1,000

期首に売掛金を 50,000 保有しており、当期中に 40,000 を回収し、決算時に為替差損 2,000 が生じた場合

営業収入	
期首売上債権 50,000	当期現金回収高 40,000
	為替差損 2,000
	期末売上債権 8,000

〈売掛金回収時〉
(借方) 現金預金　40,000　　　(貸方) 売掛金　40,000
〈決算整理仕訳〉
(借方) 為替差損　 2,000　　　(貸方) 売掛金　 2,000

2 原材料又は商品の仕入れによる支出

　　原材料又は商品の仕入れによる支出は損益計算書の**仕入高をもとに算定**する。具体的には、仕入高に対して、仕入債務の増減、前払金の増減、仕入債務に関する為替差損益などを加減して算定する。

〔仕入支出の勘定分析のまとめ〕

① 仕入債務の期首・期末残高	負債であるため、期首残高は貸方、期末残高は借方に記入する
② 前払金の期首・期末残高	資産であるため、期首残高は借方、期末残高は貸方に記入する
③ 仕入債務に伴う為替差損益	為替差益は借方、為替差損は貸方に記入する
④ 手形の裏書による決済高	債務が減少してるにもかかわらずキャッシュ・アウトフローを伴わないため、借方に記入する

■ **例題3　商品の仕入れによる支出**　　　　　　　　　　　　　　　　　　　　　　重要度 Ⓒ

以下の資料に基づき、商品の仕入れによる支出の金額を答えなさい。

(1)　前期末及び当期末の貸借対照表及び当期の損益計算書の一部

貸　借　対　照　表　　　　　　　　　　（単位：円）

勘　定　科　目	前　期　末	当　期　末	勘　定　科　目	前　期　末	当　期　末
商　　　　　品	180,000	210,000	支　払　手　形	180,000	110,000
前　　払　　金	20,000	30,000	買　　掛　　金	250,000	280,000

損　益　計　算　書　　　　　　　　　　（単位：円）

売　　上　　原　　価	720,000	為　　替　　差　　益	5,000

(2)　損益計算書の為替差益は、買掛金20,000円の決済時に生じたものである。

(3)　商品の評価は考慮しない。

■ 解答解説（単位：円）||||||||||||||||||||||||||||||||||||||||||||||||||||||||||||||||||||||||

〔商品の仕入れによる支出の勘定分析〕

商品の仕入れによる支出

期末・支払手形	110,000	損益計算書の仕入高	750,000※
期末・買掛金	280,000	期首・支払手形	180,000
期首・前払金	20,000	期首・買掛金	250,000
為替差益	5,000	期末・前払金	30,000
商品の仕入れによる支出	795,000		
	1,210,000		1,210,000

　　※　180,000（期首商品）＋ X（仕入高）－ 210,000（期末商品）＝ 720,000（売上原価）

　　　∴　X ＝ 750,000

商品をすべて現金仕入していると仮定した場合、仕入支出は750,000となる（P／Lの仕入高と一致）。
　しかし、買掛金等の仕入に関するB／S項目を原因として、仕入支出と仕入高は一致しない。
　したがって、現金仕入を前提とした仕入高750,000に仕入債務の期首残高及び期末残高等を加減する必要がある。

1．仕入債務の調整

(1) 期首負債 → キャッシュのマイナス

　期首買掛金は当期に支払うため、支払時にキャッシュが250,000減少する（下記仕訳参照）。ここで、当該減少高は仕入に含まれていないため、勘定分析に際して貸方に記入する。

（借）買　　　掛　　　金	250,000	（貸）現　　金　　預　　金	250,000

(2) 期末負債 → キャッシュのプラス

　期末買掛金に焦点を当てて仕訳を行うと下記のようになる。ここで、期末買掛金は当期中に決済されていないため、仕入が280,000発生しているものの、キャッシュは減少しない。

　つまり、仕入高750,000のうち280,000はキャッシュのマイナスを伴わないため、勘定分析に際して借方に記入する。

（借）仕　　　　　　　　入	280,000	（貸）買　　　掛　　　金	280,000

　　※　支払手形についても同様の考え方に基づき調整する。

2．前払金の調整

(1) 期首資産 → キャッシュのプラス

　期首前払金の分だけ当期に商品を仕入れているため、仕入時に仕入が20,000増加する（下記仕訳参照）。ここで、仕入が20,000発生しているものの、キャッシュは減少しない。

　つまり、仕入高750,000のうち20,000はキャッシュのマイナスを伴わないため、勘定分析に際して借方に記入する。

（借）仕　　　　　　　　入	20,000	（貸）前　　　払　　　金	20,000

(2) 期末資産 → キャッシュのマイナス

　期末前払金に焦点を当てて仕訳を行うと下記のようになり、前払金支払時にキャッシュが30,000減少することが分かる。ここで、当該減少額は仕入に含まれていないため、勘定分析に際して貸方に記入する。

（借）前　　　払　　　金	30,000	（貸）現　　金　　預　　金	30,000

3．仕入債務に係る為替差損益の調整 → キャッシュのプラス

　買掛金の決済高のうち為替差益5,000について、キャッシュの減少額が少なくなる（実質、キャッシュの増加）ため、5,000加算する。

（借）買　　　掛　　　金	20,000	（貸）現　　金　　預　　金	15,000
		為　　替　　差　　益	5,000

3 人件費の支出

　人件費の支出は損益計算書の**人件費（給料等）**をもとに**算定**する。具体的には、人件費に対して、人件費に関する経過勘定、預り金、引当金の増減を加減する。

〔人件費の支出の勘定分析のまとめ〕

① 前払費用の期首・期末残高	資産であるため、期首残高は借方、期末残高は貸方に記入する
② 未払費用の期首・期末残高	負債であるため、期首残高は貸方、期末残高は借方に記入する
③ 預り金の期首・期末残高	
④ 役員賞与引当金の期首・期末残高	
⑤ 従業員賞引当金の期首・期末残高	
⑥ 退職給付引当金の期首・期末残高	

■ 例題4　人件費の支出　　　　　　　　　　　重要度 C

以下の資料に基づき、人件費の支出の金額を答えなさい。

(1)　前期末及び当期末の貸借対照表及び当期の損益計算書の一部

貸　借　対　照　表　　　　　　（単位：円）

勘 定 科 目	前 期 末	当 期 末	勘 定 科 目	前 期 末	当 期 末
			未 払 費 用	48,000	56,000
			預 り 金	4,000	6,000
			賞 与 引 当 金	70,000	73,000
			退職給付引当金	360,000	340,000

損　益　計　算　書　　　　　　（単位：円）

給　　　　　　　料	508,000	
従 業 員 賞 与	70,000	
賞 与 引 当 金 繰 入 額	73,000	
退 職 給 付 費 用	60,000	

(2)　貸借対照表の預り金及び未払費用はすべて、給料に係るものである。

■ 解答解説（単位：円）||||||||||||||||||||||||||||||||||||||||||||||||||||||||||||||||||||||||

〔人件費の支出の勘定分析〕

人　件　費　の　支　出

期 末・ 預 り 金	6,000	損益計算書の給料等	711,000※
期 末・ 未 払 費 用	56,000	期 首・ 預 り 金	4,000
期 末・ 賞 与 引 当 金	73,000	期 首・ 未 払 費 用	48,000
期 末・ 退職給付引当金	340,000	期 首・ 賞 与 引 当 金	70,000
人 件 費 の 支 出	718,000	期 首・ 退職給付引当金	360,000
	1,193,000		1,193,000

※ 損益計算書の人件費関連の費用合計

4 その他の営業支出

その他の営業支出は、販売費及び一般管理費の内、現金支出費用で、かつ、人件費の支出に該当しない費用項目（営業費）をもとに算定する。具体的には、その他の営業支出に関する経過勘定の増減を加減して算定する。

〔その他の営業支出の勘定分析のまとめ〕

① 未払費用の期首・期末残高	負債であるため、期首残高は貸方、期末残高は借方に記入する
② 前払費用の期首・期末残高	資産であるため、期首残高は借方、期末残高は貸方に記入する

■ 例題5　その他の営業支出

重要度 ⓒ

以下の資料に基づき、その他の営業支出の金額を答えなさい。

(1) 前期末及び当期末の貸借対照表及び当期の損益計算書の一部

貸　借　対　照　表　　　　　　　　（単位：円）

勘 定 科 目	前 期 末	当 期 末	勘 定 科 目	前 期 末	当 期 末
前 払 費 用	5,000	4,000	未 払 費 用	10,000	12,000

損　益　計　算　書　　　　　　　（単位：円）

営　　　業　　　費	250,000	

(2) 貸借対照表の前払費用はすべて営業費に係るものである。

(3) 前期末貸借対照表の未払費用の内訳は次のとおりである。

営業費に係るもの	8,000円
支払利息に係るもの	2,000円

(4) 当期末貸借対照表の未払費用の内訳は次のとおりである。

営業費に係るもの	9,000円
支払利息に係るもの	3,000円

(5) 営業費には、人件費に関する費用及び非現金支出費用は含まれていない。

■ 解答解説（単位：円）

〔その他の営業支出の勘定分析〕

その　他　の　営　業　支　出

期　首・前　払　費　用	5,000※	損益計算書の営業費	250,000
期　末・未　払　費　用	9,000※	期　末・前　払　費　用	4,000※
その他の営業支出	248,000	期　首・未　払　費　用	8,000※
	262,000		262,000

※　経過勘定はその他の営業支出に関するもののみを調整する。

5　小計の意義

　　小計は、純粋な営業活動に関するキャッシュ・フローを算定するための欄である。また、小計の下に以下の投資活動及び財務活動以外の項目を記載し、営業活動によるキャッシュ・フローが算定される。

投資活動及び財務活動以外のもの（小計より下に記載）	① 利息及び配当金の受取額
	② 利息の支払額
	③ 災害による保険金収入
	④ 損害賠償金の支払額
	⑤ 法人税等の支払額

6　利息及び配当金

(1)　表示方法

　　利息及び配当金の表示方法については以下の2つの方法がある。なお、いずれの方法を用いるかについては問題上指示が入る。

表示区分	①	②
営業活動によるCF	利息及び配当金の受取額 利息の支払額	—
投資活動によるCF	—	利息及び配当金の受取額
財務活動によるCF	配当金の支払額	利息の支払額 配当金の支払額

　　※　①はP／Lに計上される項目であるか否かで区分している。
　　※　②は元本に基づいて区分している（受取利息：貸付金、受取配当金：有価証券、支払利息：借入金）。

(2)　利息及び配当金の受取額、利息の支払額

　　利息及び配当金の受取額は、損益計算書の受取利息配当金及び有価証券利息等をもとに算定するが、損益計算書計上額に償却原価法による償却額が含まれている場合は、当該金額を控除する。

　　また、利息の支払額も同様の考え方である。

〔利息及び配当金の受取額の勘定分析のまとめ〕

① 受取配当金・有価証券利息	損益計算書計上額から、償却原価法を控除した金額を計上する
② 前受収益の期首・期末残高	負債であるため、期首残高は貸方、期末残高は借方に計上する
③ 未収収益の期首・期末残高	資産であるため、期首残高は借方、期末残高は貸方に計上する

〔利息の支払額の勘定分析のまとめ〕

① 支払利息・社債利息	損益計算書記入額から、償却原価法を控除した金額を記入する
② 未払費用の期首・期末残高	負債であるため、期首残高は貸方、期末残高は借方に記入する
③ 前払費用の期首・期末残高	資産であるため、期首残高は借方、期末残高は貸方に記入する

■ 例題6　利息及び配当金

以下の資料に基づき、利息及び配当金の受取額と利息の支払額の金額を答えなさい。

(1)　前期末及び当期末の貸借対照表（一部）及び当期の損益計算書（一部）

貸　借　対　照　表　　　　　　（単位：円）

勘 定 科 目	前 期 末	当 期 末	勘 定 科 目	前 期 末	当 期 末
未 収 収 益	500	600	未 払 費 用	800	500

損　益　計　算　書　　　　　　（単位：円）

支　払　利　息	2,500	受 取 利 息 配 当 金	8,200
社　債　利　息	4,200	有 価 証 券 利 息	3,200

(2)　有価証券利息には、償却原価法による償却額が1,200円含まれている。また、社債利息には、償却原価法による償却額が800円含まれている。

(3)　未収収益はすべて未収利息に係るものである。また、未払費用はすべて未払利息に係るものである。

■ 解答解説（単位：円）

〔利息及び配当金の受取額の勘定分析〕

利息及び配当金の受取額

受 取 利 息 配 当 金	8,200	期 末 ・ 未 収 利 息	600
有 価 証 券 利 息	2,000※	利息及び配当金の受取額	10,100
期 首 ・ 未 収 利 息	500		
	10,700		10,700

※　有価証券利息は、償却原価法による償却額1,200を除く点に留意すること。
3,200（P／L）－1,200（償却額）＝2,000

〔利息の支払額の勘定分析〕

利　息　の　支　払　額

期 末 ・ 未 払 利 息	500	支　払　利　息	2,500
利 息 の 支 払 額	6,200	社　債　利　息	3,400※
		期 首 ・ 未 払 利 息	800
	6,700		6,700

※　社債利息は、償却原価法による償却額800を除く点に留意すること。
4,200（P／L）－800（償却額）＝3,400

7 法人税等の支払額

　　法人税等の支払額は損益計算書の**法人税、住民税及び事業税**をもとに算定する。具体的には、未払法人税等の増減を加減して算定する。

■ 例題 7　法人税等の支払額

重要度 B

以下の資料に基づき、法人税等の支払額の金額を答えなさい。

(1)　前期末及び当期末の貸借対照表（一部）及び当期の損益計算書（一部）

貸　借　対　照　表　　　　　　　（単位：円）

勘　定　科　目	前　期　末	当　期　末	勘　定　科　目	前　期　末	当　期　末
			未払法人税等	50,000	65,000

損　益　計　算　書　　　　　　　（単位：円）

法人税、住民税及び事業税	120,000	

(2)　当期中の中間納付額は 55,000 円である。

■ 解答解説（単位：円）

〔法人税等の支払額の勘定分析〕

法　人　税　等　の　支　払　額

期末・未払法人税等	65,000	法　人　税　等	120,000
法人税等の支払額	105,000	期首・未払法人税等	50,000
	170,000		170,000

　※　法人税等の支払額は下記の算式でも算定できる。
　　　50,000（前期末未払法人税等）＋ 55,000（中間納付額）＝ 105,000

第4節 営業活動によるキャッシュ・フロー（間接法）

1 間接法の意義及び形式

間接法とは、税引前当期純利益に必要な調整を加えて小計を算定する方法をいう。

Ⅰ 営業活動によるキャッシュ・フロー

税引前当期純利益	×××
減価償却費	××× ⎫ 販管費の非資金損益項目
無形固定資産の償却額	××× ⎭
受取利息及び受取配当金	△××× ⎫
支払利息	××× ⎪
為替差損	××× ⎬ 営業外損益・特別損益項目
有価証券運用益	△××× ⎪
有形固定資産売却益	△××× ⎭
売上債権の増加額	△××× ⎫
棚卸資産の減少額	××× ⎪
仕入債務の減少額	△××× ⎬ 営業活動に係る資産・負債の増減
貸倒引当金の増加額	××× ⎭
小　　計	×××

※　小計の下は直接法と全く同様となる。
※　貸倒引当金の増減額は、本来、非資金損益項目の調整であるため、減価償却費の下に記載されるのが一般的である。

2 具体的な調整

Step 1 　営業外損益・特別損益項目の調整

キャッシュ・フロー計算書における小計の金額は、損益計算書の営業利益に対応している。よって、税引前当期純利益を営業利益に戻すため、**営業外損益・特別損益を調整する。**

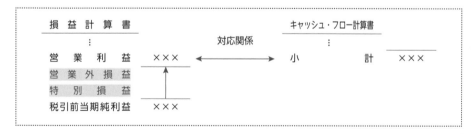

※　収益項目は減算調整、費用項目は加算調整を行う。
※　営業外損益・特別損益項目のうち、棚卸減耗、売上債権・仕入債務に係る為替差損益、手形売却損、償却債権取立益等の**営業活動に係る資産・負債に関連する項目は計上しない。**なぜなら、それらの項目については、営業活動に係る資産・負債の増減により一括して調整を行うためである。

Step 2　非資金損益項目の調整

　非資金損益項目とは、損益計算書に計上される損益項目のうち、**キャッシュ・フローを伴わない項目**である。非資金損益項目は、キャッシュ・フロー算定のために取り消す必要がある。

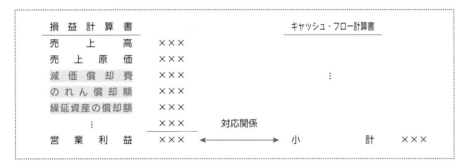

※　費用項目は加算調整を行う。
※　非資金損益項目のうち、貸倒損失、貸倒引当金繰入額等の**営業活動に係る資産・負債に関連する項目は計上しない**。なぜなら、それらの項目については、営業活動に係る資産・負債の増減により一括して調整を行うためである。

Step 3　営業活動に係る資産・負債の増減額の調整

　「非資金損益項目を除外した営業利益」に**営業活動に係る資産・負債の増減額**を調整し、小計を算定する。

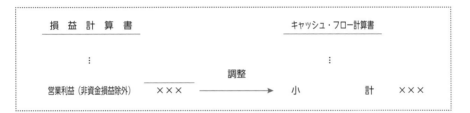

資産項目が増加	減算
資産項目が減少	加算
負債項目が増加	加算
負債項目が減少	減算

〔資産項目が増加した場合〕

（借）資　　　　　　　　　産	×××	（貸）C　　　　　　　　　　F	×××

〔資産項目が減少した場合〕

（借）C　　　　　　　　　　F	×××	（貸）資　　　　　　　　　産	×××

〔負債項目が増加した場合〕

（借）C　　　　　　　　　　F	×××	（貸）負　　　　　　　　　債	×××

〔負債項目が減少した場合〕

（借）負　　　　　　　　　債	×××	（貸）C　　　　　　　　　　F	×××

〔間接法の調整項目のまとめ〕

① 営業外損益・特別損益項目の調整	営業活動以外の損益項目を取り消す	・費用は加算 ・収益は減算
② 非資金損益項目の調整	非資金損益項目を取り消す	・営業活動に係る資産・負債に関連する損益を除く
③ 営業活動に係る資産・負債の増減額の調整	資産の増加・負債の減少は減算 資産の減少・負債の増加は加算	

■ 例題8　間接法

重要度 A

以下の資料に基づき、間接法によるキャッシュ・フロー計算書を作成しなさい。なお、営業活動によるキャッシュ・フローの区分のみ作成すること。

(1) 前期末及び当期末の貸借対照表（一部）及び当期の損益計算書

貸借対照表　　　　　　　（単位：円）

勘定科目	前期末	当期末	勘定科目	前期末	当期末
受取手形	20,000	30,000	支払手形	18,000	20,000
売掛金	50,000	48,000	買掛金	28,000	32,000
貸倒引当金	△1,500	△2,000	未払営業費	13,000	18,000
商品	60,000	50,000	未払利息	500	300
前払営業費	6,000	8,000			
未収利息	200	300			

損益計算書　　　　　　　（単位：円）

売上原価	180,000	売上高	300,000
給料	23,200	受取利息配当金	8,000
貸倒引当金繰入額	800		
減価償却費	5,000		
のれん償却額	1,000		
支払利息	10,000		
固定資産売却損	15,000		
法人税等	30,000		
当期純利益	43,000		
	308,000		308,000

(2) 利息及び配当金の受取額、利息の支払額は営業活動によるキャッシュ・フローに表示する。

■ 解答解説（単位：円）|||||||||||||||||||||||||||||||||||||||||||||||||||||||||||||||||||||||||||||||||

Ⅰ 営業活動によるキャッシュ・フロー

税引前当期純利益	73,000※1
減価償却費	5,000※2
のれん償却額	1,000※2
貸倒引当金の増加額	500※3
受取利息及び受取配当金	△8,000※2
支払利息	10,000※2
固定資産売却損	15,000※2
売上債権の増加額	△8,000※4
棚卸資産の減少額	10,000※5
仕入債務の増加額	6,000※6
前払費用の増加額	△2,000※7
未払費用の増加額	5,000※8
小　計	107,500
利息及び配当金の受取額	7,900※9
利息の支払額	△10,200※10
法人税等の支払額	△30,000
営業活動によるキャッシュ・フロー	75,200

※1　43,000（当期純利益）＋30,000（法人税等）＝73,000
※2　Ｐ／Ｌ計上額
※3　2,000（当期末Ｂ／Ｓ）－1,500（前期末Ｂ／Ｓ）＝500
※4　70,000（前期末Ｂ／Ｓ）－78,000（当期末Ｂ／Ｓ）＝△8,000
※5　60,000（前期末Ｂ／Ｓ）－50,000（当期末Ｂ／Ｓ）＝10,000
※6　52,000（当期末Ｂ／Ｓ）－46,000（前期末Ｂ／Ｓ）＝6,000
※7　6,000（前期末Ｂ／Ｓ）－8,000（当期末Ｂ／Ｓ）＝△2,000
※8　18,000（当期末Ｂ／Ｓ）－13,000（当期末Ｂ／Ｓ）＝5,000
　（注）　営業活動に係る資産・負債の増減額を調整するため、未収利息・未払利息は小計の上で調整を行わない。
※9　下記勘定分析参照

利息及び配当金の受取額

受取利息及び配当金	8,000	期末・未収利息	300
期首・未収利息	200	利息及び配当金の受取額	7,900
	8,200		8,200

※10　下記勘定分析参照

利息の支払額

期末・未払利息	300	支払利息	10,000
利息の支払額	10,200	期首・未払利息	500
	10,500		10,500

3 為替差損益

営業活動に係る債権・債務に伴う為替差損益	為替差損益の発生した債権・債務の増減額で一括調整されるため、小計の上で為替差損益の損益計算書計上額を取消さない。
営業活動以外に係る債権・債務に伴う為替差損益	小計の上で、為替差損益の損益計算書計上額を取消し、為替決済差額を含めた円貨による収支額を投資活動及び財務活動に係るキャッシュ・フローの区分に計上する。
現金及び現金同等物に伴う為替差損益	小計の上で、為替差損益の損益計算書計上額を取消し、「現金及び現金同等物に係る換算差額」として独立に為替差損益を計上する。

■ 例題9　為替差損益

重要度 C

以下の資料に基づき、キャッシュ・フロー計算書（間接法）を作成しなさい。

(1)　前期末及び当期末の貸借対照表（一部）及び当期の損益計算書（一部）

貸 借 対 照 表　　　　　　　　（単位：円）

勘 定 科 目	前 期 末	当 期 末	勘 定 科 目	前 期 末	当 期 末
現 金 預 金	150,000	200,000			
売 掛 金	60,000	80,000			
貸 付 金	100,000	80,000			

損 益 計 算 書　　　　　　　　（単位：円）

為 替 差 損 益		1,200

(2)　損益計算書の為替差損益の内訳は、以下のとおりである。

①　売掛金の期末換算差額：1,800円（為替差損）

②　貸付金の決済差額：2,000円（為替差益）

③　現金の期末換算差額：1,000円（為替差益）

(3)　当期の各区分のキャッシュ・フローは以下のとおりである。

営業活動によるキャッシュ・フロー：　　39,000円

投資活動によるキャッシュ・フロー：　　20,000円

財務活動によるキャッシュ・フロー：△10,000円

(4)　当期に新たに貸付けは行っていない。

■ 解答解説（単位：円）||||||||||||||||||||||||||||||||||||||||||||||||||||||||||||||||||||||||||||||||||||||||||||||||||||||||||||||||||

キャッシュ・フロー計算書

×年×月×日〜×年×月×日

Ⅰ　営業活動によるキャッシュ・フロー	
税引前当期純利益	×××·
・・・・・・・・	
為替差益	△3,000[※1]
売上債権の増加額	△20,000[※2]
・・・・・・・・	
営業活動によるキャッシュ・フロー	39,000
Ⅱ　投資活動によるキャッシュ・フロー	
・・・・・・・・	
貸付金の回収による収入	22,000[※3]
・・・・・・・・	
投資活動によるキャッシュ・フロー	20,000
Ⅲ　財務活動によるキャッシュ・フロー	
・・・・・・・・	
財務活動によるキャッシュ・フロー	△10,000
Ⅳ　現金及び現金同等物に係る換算差額	1,000[※4]
Ⅴ　現金及び現金同等物の増加額	50,000
Ⅵ　現金及び現金同等物の期首残高	150,000
Ⅶ　現金及び現金同等物の期末残高	200,000

※1　1,000（現金に係る為替差益）＋2,000（貸付金に係る為替差益）＝3,000
※2　60,000（前期末B／S）－80,000（当期末B／S）＝△20,000
※3　20,000（貸付金減少高）＋2,000（為替差益）＝22,000
※4　現金に係る為替差益

第35章　個別キャッシュ・フロー計算書

第5節　投資活動及び財務活動によるキャッシュ・フロー

1 投資活動によるキャッシュ・フロー

　主に、貸借対照表の資産（営業活動に係るものを除く）に関するキャッシュ・フローが、投資活動のキャッシュ・フローとなる。

　例）有価証券の取得・売却、固定資産の取得・売却、貸付け・貸付金の回収

	留意点
有価証券・固定資産	有価証券や固定資産の売買に関する未収金（未収入金）・未払金が生じている場合、当期の正味現金収支額を計上する。
定期預金	一般的に、預入期間が3ヶ月を超える「定期預金の預入による支出」及び「定期預金の払戻による収入」を投資活動によるキャッシュ・フローとして計上する。また、一般的に預入期間が3ヶ月以内の定期預金は現金同等物として扱われるため、投資活動によるキャッシュ・フローとはならない。
貸付金	キャッシュ・フロー計算書において、貸付金は長短分類を行わない。このため、長期貸付金と短期貸付金による支出・収入は一括して表示する。

2 財務活動によるキャッシュ・フロー

　主に、貸借対照表の負債（営業活動に係るものを除く）・純資産に関するキャッシュ・フローが、財務活動のキャッシュ・フローとなる。

　例）借入れ・借入金の返済、社債の発行・償還、株式の発行、自己株式の取得、配当金の支払い

	留意点
借入金	キャッシュ・フロー計算書における借入金の長短分類は当初の借入期間に基づいて行う（長期借入金のうち返済期限が1年以内となったものは貸借対照表上、短期借入金として表示するが、当該借入金を返済した場合、キャッシュ・フロー計算書上では、長期借入金の返済として表示する）。
社債や新株の発行	社債や新株を発行した場合には、原則として、発行価額から諸費用を控除した純手取額を収入額として計上する。
配当金	配当金の支払額は、財務活動によるキャッシュ・フローの区分に計上する。利息及び配当金の受取額、利息の支払額のように、営業活動によるキャッシュ・フローの区分に計上されない。

　※　「財務活動によるキャッシュ・フロー」は主要な取引ごとにキャッシュ・フローを総額表示しなければならない。ただし、短期間に連続して借換えが行われる場合など、期間が短く、かつ回転期間が速い項目に係るキャッシュ・フローは純額（1会計期間の純増減額）で表示することができる。

　　例題11において、短期借入金のキャッシュ・フローを純額表示する場合は、「短期借入金の純増減額△10,000※」として表示される。

　※　40,000（借入収入）－50,000（返済支出）＝△10,000

■ 例題10 投資活動によるキャッシュ・フロー　　　　重要度 B

以下の資料に基づき、投資活動によるキャッシュ・フローの区分の表示を示しなさい。

(1) 前期末及び当期末の貸借対照表（一部）及び当期の損益計算書（一部）

貸 借 対 照 表　　　　（単位：円）

勘 定 科 目	前 期 末	当 期 末	勘 定 科 目	前 期 末	当 期 末
有 価 証 券	51,000	108,000	未　払　金	―	10,000
短 期 貸 付 金	150,000	40,000			
未　収　金	20,000	―			
備　　　品	100,000	150,000			
減価償却累計額	△40,000	△45,000			
長 期 貸 付 金	―	200,000			

損 益 計 算 書　　　　（単位：円）

減 価 償 却 費	5,000
有 価 証 券 運 用 損	3,000

(2) 当期末の有価証券の内訳は以下のとおりである。

	取得原価	前期末時価	当期末時価
A社株式	50,000円	51,000円	53,000円
B社株式	60,000円	―	55,000円

　※　B社株式は当期中に取得しており、当期中にその他の売買は行っていない。

(3) 前期末の未収金は、前期に売却した備品の売却代金である。

(4) 当期中に備品50,000円を購入し、代金のうち10,000円は翌期に支払う予定である。

(5) 貸付金の内訳は以下のとおりである。

貸付金額	50,000円	100,000円	40,000円	200,000円
貸付期間	1年間	3年間	1年間	3年間
備　考	当期回収	当期回収	当期貸付	当期貸付

■ 解答解説 （単位：円）

キャッシュ・フロー計算書
×年×月×日～×年×月×日

Ⅱ 投資活動によるキャッシュ・フロー

有価証券の取得による支出	△60,000
有形固定資産の取得による支出	△40,000
有形固定資産の売却による収入	20,000
貸付けによる支出	△240,000
貸付金の回収による収入	150,000
投資活動によるキャッシュ・フロー	△170,000

第35章　個別キャッシュ・フロー計算書

■ 例題11　財務活動によるキャッシュ・フロー

以下の資料に基づいて財務活動によるキャッシュ・フローの区分の表示を示しなさい。

(1)　前期末及び当期末の貸借対照表（一部）及び当期の損益計算書（一部）

貸 借 対 照 表　　（単位：円）

勘 定 科 目	前 期 末	当 期 末	勘 定 科 目	前 期 末	当 期 末
株式交付費	―	2,000	短 期 借 入 金	150,000	40,000
			長 期 借 入 金	―	200,000
			資 　本 　金	500,000	600,000

損 益 計 算 書　　（単位：円）

株 式 交 付 費 償 却	1,000	

(2)　当期首に増資を行い100,000円の増資額が払い込まれた。また、増資に伴い株式交付費3,000円が生じている。

(3)　当期中に配当金50,000円を支払っている。

(4)　借入金の内訳は次のとおりである。

借入金額	借入期間	備考
50,000円	1 年間	当期返済
100,000円	3 年間	当期返済
40,000円	1 年間	当期借入
200,000円	3 年間	当期借入

■ 解答解説 （単位：円）

キャッシュ・フロー計算書
×年×月×日〜×年×月×日

Ⅲ　財務活動によるキャッシュ・フロー

短期借入れによる収入	40,000
短期借入金の返済による支出	△50,000
長期借入れによる収入	200,000
長期借入金の返済による支出	△100,000
株式の発行による収入	97,000※
配当金の支払額	△50,000
財務活動によるキャッシュ・フロー	137,000

※　100,000（増資額）－3,000（株式交付費）＝97,000

第**36**章

連結キャッシュ・
フロー計算書

第1節　総論

■1■　作成方法

　　連結キャッシュ・フロー計算書は、企業集団全体のキャッシュ・フロー情報を提供するために作成される財務諸表である。ここで、連結キャッシュ・フロー計算書の作成方法には、**原則法**と**簡便法**がある。

(1)　原則法

　　原則法は、各連結会社の個別キャッシュ・フロー計算書を合算し、連結会社相互間のキャッシュ・フローを相殺消去することにより、連結キャッシュ・フロー計算書を作成する方法である。

(2)　簡便法

　　簡便法は、連結貸借対照表及び連結損益計算書に基づいて連結キャッシュ・フロー計算書を作成する方法である（＝簡便法の場合、個別キャッシュ・フロー計算書の作成方法と同じ要領で連結キャッシュ・フロー計算書を作成する）。

　　なお、連結貸借対照表・連結損益計算書を作成する際の連結修正仕訳において、内部取引等は修正されているため、連結キャッシュ・フロー計算書を作成する段階で内部取引等の修正を考慮する必要はない。

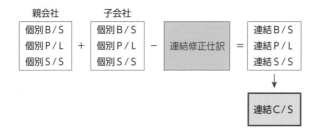

2 営業活動によるキャッシュ・フローの表示方法と連結キャッシュ・フロー計算書の作成方法との関係

営業活動によるキャッシュ・フローの表示方法である直接法・間接法と連結キャッシュ・フロー計算書の作成方法である原則法・簡便法の組み合わせにより、以下の3通りがある。

(1) **直接法と原則法**

(2) **間接法と原則法**

※ 小計より上の区分については、連結修正仕訳による修正を加味する。

(3) **間接法と簡便法**

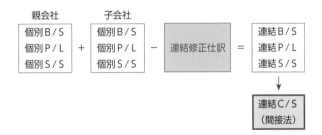

3 連結キャッシュ・フロー計算書における貸借の関係

損益計算書では、収益を貸方項目、費用を借方項目として扱う。キャッシュ・フロー計算書においても同様に、収入（キャッシュのプラス）を貸方項目、支出（キャッシュのマイナス）を借方項目として扱う。また、現金及び現金同等物の期首残高を貸方項目、期末残高を借方項目として扱う。

支出	現金及び現金同等物の期首残高
現金及び現金同等物の期末残高	収入

第36章 連結キャッシュ・フロー計算書

第2節　直接法・原則法による場合の作成方法

1　基本的考え方

　直接法・原則法の場合、直接法で表示された個別キャッシュ・フロー計算書を合算し、連結会社相互間の資金決済額を相殺消去する。

〔相殺消去される項目の具体例〕

> 「営業収入」と「商品の仕入による支出」
> 「利息及び配当金の受取額」と「利息の支払額」
> 「短期（長期）借入れによる収入」と「貸付けによる支出」
> 「貸付金の回収による収入」と「短期（長期）借入金の返済による支出」
> 「有形固定資産の売却による収入」と「有形固定資産の取得による支出」

2　子会社の配当金

　子会社より配当金を受領している場合、配当金のうち親会社持分相当額については、「配当金の支払額」と「利息及び配当金の受取額」を相殺する。また、配当金のうち、非支配株主持分相当額については「配当金の支払額」から「非支配株主への配当金の支払額」に振り替える。

（借）利息及び配当金の受取額	×××	（貸）配当金の支払額	×××	
非支配株主への配当金の支払額	×××			

■ 例題1　直接法・原則法　　　　　　　　　　　　　　　重要度 B

以下の資料に基づき、連結キャッシュ・フロー計算書（直接法）を作成しなさい。

(1)　P社はS社株式の80％を保有しており、S社を子会社としている。

(2)　P社及びS社の個別キャッシュ・フロー計算書　　　　　　　　　　（単位：円）

	P社	S社
Ⅰ 営業活動によるキャッシュ・フロー		
営業収入	500,000	100,000
商品の仕入による支出	△180,000	△80,000
人件費の支出	△70,000	△25,000
その他の営業支出	△40,000	△18,000
小　計	210,000	△23,000
利息及び配当金の受取額	34,000	1,000
利息の支払額	△6,000	△2,000
法人税等の支払額	△20,000	△1,500
営業活動によるキャッシュ・フロー	218,000	△25,500
Ⅱ 投資活動によるキャッシュ・フロー		
貸付けによる支出	△40,000	△25,000
貸付金の回収による収入	30,000	20,000
投資活動によるキャッシュ・フロー	△10,000	△5,000
Ⅲ 財務活動によるキャッシュ・フロー		
短期借入れによる収入	45,000	45,000
短期借入金の返済による支出	△30,000	△21,000
配当金の支払額	△50,000	△10,000
財務活動によるキャッシュ・フロー	△35,000	14,000
Ⅳ 現金及び現金同等物の増加額	173,000	△16,500
Ⅴ 現金及び現金同等物の期首残高	250,000	80,000
Ⅵ 現金及び現金同等物の期末残高	423,000	63,500

(3)　当期よりP社はS社に対して商品販売を開始し、次のとおり売り上げた。

　　掛売上　60,000円　　　　手形売上　40,000円

(4)　P社の当期末の売掛金には、S社に対するものが15,000円含まれている。

(5)　P社の当期末の受取手形には、S社振出のものが30,000円含まれている。

(6)　P社のS社に対する貸付状況は次のとおりである。貸付期間は1年以内である。

期首残高	当期貸付高	当期回収高	期末残高	利息の現金受取額
6,000円	15,000円	18,000円	3,000円	800円

1．連結C/S作成のための仕訳

(1) 営業収入と仕入支出の相殺

（借）営　業　収　入	55,000※1	（貸）商品の仕入による支出	55,000

> ※1　営業収入：45,000（掛決済額※2）＋10,000（手形決済額※3）＝55,000
> ※2　掛決済額：60,000（掛売上）−15,000（売掛金期末残高）＝45,000
> ※3　手形決済額：40,000（手形売上）−30,000（受取手形期末残高）＝10,000

(2) 借入による収入と貸付による支出の相殺

（借）短期借入れによる収入	15,000	（貸）貸付けによる支出	15,000

(3) 借入金の返済による支出と貸付金の回収による収入の相殺

（借）貸付金の回収による収入	18,000	（貸）短期借入金の返済による支出	18,000

(4) 利息の受取額と支払額の相殺

（借）利息及び配当金の受取額	800	（貸）利　息　の　支　払　額	800

(5) 子会社の配当金の相殺及び振替

（借）利息及び配当金の受取額	8,000	（貸）配　当　金　の　支　払　額	10,000
非支配株主への配当金の支払額	2,000		

2．連結キャッシュ・フロー計算書

　　Ⅰ　営業活動によるキャッシュ・フロー

営業収入	545,000[※1]
商品の仕入による支出	△205,000[※2]
人件費の支出	△95,000
その他の営業支出	△58,000
小　計	187,000
利息及び配当金の受取額	26,200[※3]
利息の支払額	△7,200[※4]
法人税等の支払額	△21,500
営業活動によるキャッシュ・フロー	184,500

　　Ⅱ　投資活動によるキャッシュ・フロー

貸付けによる支出	△50,000[※5]
貸付金の回収による収入	32,000[※6]
投資活動によるキャッシュ・フロー	△18,000

　　Ⅲ　財務活動によるキャッシュ・フロー

短期借入れによる収入	75,000[※7]
短期借入金の返済による支出	△33,000[※8]
配当金の支払額	△50,000[※9]
非支配株主への配当金の支払額	△2,000
財務活動によるキャッシュ・フロー	△10,000
Ⅳ　現金及び現金同等物の増加額	156,500
Ⅴ　現金及び現金同等物の期首残高	330,000
Ⅵ　現金及び現金同等物の期末残高	486,500

※1　500,000（P社）＋100,000（S社）－55,000（相殺）＝545,000
※2　180,000（P社）＋80,000（S社）－55,000（相殺）＝205,000
※3　34,000（P社）＋1,000（S社）－800（貸付利息の相殺）－8,000（配当金の相殺）＝26,200
※4　6,000（P社）＋2,000（S社）－800（相殺）＝7,200
※5　40,000（P社）＋25,000（S社）－15,000（相殺）＝50,000
※6　30,000（P社）＋20,000（S社）－18,000（相殺）＝32,000
※7　45,000（P社）＋45,000（S社）－15,000（相殺）＝75,000
※8　30,000（P社）＋21,000（S社）－18,000（相殺）＝33,000
※9　50,000（P社）＋10,000（S社）－10,000（S社配当）＝50,000

第3節　間接法・原則法による場合の作成方法

1 小計より上の調整

(1) 税金等調整前当期純利益

税金等調整前当期純利益は、連結損益計算書計上額を計上する。そのため、個別上の金額から算定する場合、連結修正仕訳による利益の修正額を考慮する点に留意すること。また、連結上の親会社株主に帰属する当期純利益から算定する場合、非支配株主に帰属する当期純利益及び法人税等を加える点に留意すること。

(2) 損益計算書項目

小計より上の損益計算書項目は、連結損益計算書計上額となるため、連結修正仕訳の金額だけ修正する。また、のれん償却額、持分法による投資損益、段階取得に係る差益等の連結固有の損益項目を計上する。

(3) 営業活動に係る資産・負債の増減額

小計より上の営業活動に係る資産・負債の増減額は、連結貸借対照表における増減額となるため、個別上の金額から算定する場合、連結修正仕訳による影響額を考慮する必要がある。

2 小計より下の調整

小計より下の項目は、直接法で表示されるため、直接法・原則法と同様の修正を行う。

■ 例題2　間接法・原則法　　　　　　　　　　　　　　　　重要度 B

以下の資料に基づき、当期の連結キャッシュ・フロー計算書（間接法）を作成しなさい。

(1)　P社はS社株式の80％を保有しており、S社を子会社としている。

(2)　P社及びS社の個別キャッシュ・フロー計算書（一部）は次のとおりである。　　　　（単位：円）

	P社	S社
営業活動によるキャッシュ・フロー		
税引前当期純利益	50,000	10,000
減価償却費	10,000	6,500
貸倒引当金の増加額	500	600
受取利息配当金	△6,000	△2,000
固定資産売却益	△19,000	—
売上債権の増加額	△3,000	△4,000
仕入債務の減少額	△5,000	△2,500
棚卸資産の増加額	△2,500	△1,000
小　　計	25,000	7,600

(3)　P社は前期よりS社に対して商品を販売しており、売上総利益率は毎期20％である。S社の期末棚卸資産のうちP社から仕入れたものは、前期末1,000円、当期末2,000円である。

(4)　P社の売上債権のうちS社に対する金額は、前期末4,000円、当期末6,000円である。なお、P社は売上債権の期末残高に対して毎期2％の貸倒引当金を設定している。

(5)　当期首にP社はS社へ備品（簿価5,000円）を17,000円で売却した。S社は当該備品について、定額法、耐用年数4年、残存価額ゼロで減価償却を行っている。

(6)　S社は当期に2,000円の利益剰余金の配当を行っている。

(7)　当期の連結財務諸表に計上されているのれん償却額は2,000円である。

■ 解答解説（単位：円）

1．連結キャッシュ・フロー計算書

	P社
営業活動によるキャッシュ・フロー	
税金等調整前当期純利益	47,240
減価償却費	13,500
のれん償却額	2,000
貸倒引当金の増加額	1,060
受取利息配当金	△6,400
固定資産売却益	△7,000
売上債権の増加額	△5,000
仕入債務の減少額	△9,500
棚卸資産の増加額	△3,300
小　　計	32,600

2．小計より上のＰ／Ｌ項目

　小計より上のＰ／Ｌ項目には、連結Ｐ／Ｌ計上額が計上される。したがって、個別Ｃ／Ｓ計上額を合算し、連結修正仕訳による増減額を考慮することで解答の数値が算定できる。なお、問題文に税効果適用に関する指示が明示されていないが、税効果はキャッシュ・フロー計算書に影響を及ぼさないため、税効果の指示があったとしても無視して解けばよい。

(1)　のれんの償却

（借）のれん償却額	2,000	（貸）の　　れ　　ん	2,000

(2)　棚卸資産に係る期首未実現利益の消去及び実現

（借）利益剰余金 - 当期首残高	200	（貸）売　上　原　価	200

　　　※　1,000（期首棚卸資産）× 20％（利益率）＝ 200

(3)　棚卸資産に係る期末未実現利益の消去

（借）売　上　原　価	400	（貸）棚　卸　資　産	400

　　　※　2,000（期末棚卸資産）× 20％（利益率）＝ 400

(4)　貸倒引当金の修正

（借）貸　倒　引　当　金	120※1	（貸）利益剰余金 - 当期首残高	80※2
		貸倒引当金繰入額	40※3

　　　※ 1　貸倒引当金：6,000（当期相殺額）× 2 ％＝ 120
　　　※ 2　利益剰余金：4,000（前期相殺額）× 2 ％＝ 80
　　　※ 3　貸倒引当金繰入額：40（差額）

(5)　有形固定資産に係る未実現利益の消去

（借）固定資産売却益	12,000	（貸）備　　　　品	12,000

　　　※　17,000（売却価額）－ 5,000（簿価）＝ 12,000

(6)　有形固定資産に係る未実現利益の実現

（借）減価償却累計額	3,000	（貸）減　価　償　却　費	3,000

　　　※　12,000（未実現利益）÷ 4 年（耐用年数）＝ 3,000

(7)　剰余金の配当の修正

（借）受取利息配当金	1,600※1	（貸）利益剰余金 - 剰余金の配当	2,000
非支配株主持分 - 当期変動額	400※2		

　　　※ 1　受取利息配当金：2,000（Ｓ社配当）× 80％（Ｐ社比率）＝ 1,600
　　　※ 2　非支配株主持分：2,000（Ｓ社配当）× 20％（非持比率）＝ 400

(8)　解答の金額

　税金等調整前当期純利益：50,000（Ｐ社）＋ 10,000（Ｓ社）－ 2,000（のれん償却額）
　　　　　　　　　　　　　　＋ 200（期首棚卸資産）－ 400（期末棚卸資産）＋ 40（貸倒引当金繰入額）
　　　　　　　　　　　　　　－ 12,000（売却益）＋ 3,000（売却益実現）－ 1,600（受取配当金）＝ 47,240

　減価償却費：10,000（Ｐ社）＋ 6,500（Ｓ社）－ 3,000（未実現利益の実現）＝ 13,500

　のれん償却額：2,000

　受取利息配当金：6,000（Ｐ社）＋ 2,000（Ｓ社）－ 1,600（相殺）＝ 6,400

　　　固定資産売却益：19,000（P社）− 12,000（未実現利益の消去）＝ 7,000

　　　　※　連結C／S上は、収益項目に△の符号を付す。

3．小計より上のB／S項目

> ①　単純合算した場合の前期末B／S計上額を仮定する（本例題では100,000円と仮定している）。
> ②　前期末B／S計上額に単純合算した増減額を加減し、当期末B／S計上額を算定する。
> ③　連結修正仕訳を行い、修正後B／S計上額を算定する。
> ④　修正後B／S計上額の差額を求め、連結C／Sにおける「営業活動に係る資産・負債の増減額」を算定する。

(1)　貸倒引当金の増加額：1,060

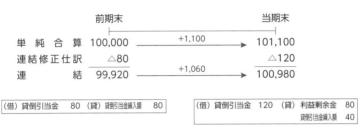

(2)　売上債権の増加額：△5,000

(3)　仕入債務の減少額：△9,500

(4)　棚卸資産の増加額：△3,300

4．連結C/S作成のための修正仕訳

(1) のれんの償却

（借）	税金等調整前当期純利益	2,000	（貸）	の れ ん 償 却 額	2,000

(2) 棚卸資産に係る未実現利益

（借）	税金等調整前当期純利益	200	（貸）	棚 卸 資 産 の 増 加 額	200

※ ｜2,000（期末棚卸資産）－1,000（期首棚卸資産）｜×20％（利益率）＝200

(3) 売上債権及び仕入債務の相殺

（借）	仕 入 債 務 の 減 少 額	2,000	（貸）	売 上 債 権 の 増 加 額	2,000

※ 6,000（期末相殺額）－4,000（期首相殺額）＝2,000

(4) 貸倒引当金の修正

（借）	貸 倒 引 当 金 の 増 加 額	40	（貸）	税金等調整前当期純利益	40

※ 120（期末修正額）－80（期首修正額）＝40

(5) 有形固定資産に係る未実現利益

（借）	税金等調整前当期純利益	12,000	（貸）	固 定 資 産 売 却 益	12,000
（借）	減 価 償 却 費	3,000	（貸）	税金等調整前当期純利益	3,000

(6) 配当金の相殺

（借）	税金等調整前当期純利益	1,600	（貸）	受 取 利 息 配 当 金	1,600

項目	P社	S社	相殺／表示組替		連結C/S
営業活動によるキャッシュ・フロー					
税金等調整前当期純利益	50,000	10,000	のれん償却額	△2,000	47,240
			棚 卸 資 産	△200	
			貸 倒 引 当 金	＋40	
			固定資産売却益	△12,000	
			減 価 償 却 費	＋3,000	
			受 取 配 当 金	△1,600	
減価償却費	10,000	6,500	減 価 償 却 費	△3,000	13,500
のれん償却額			のれん償却額	＋2,000	2,000
貸倒引当金の増加額	500	600	貸 倒 引 当 金	△40	1,060
受取利息配当金	△6,000	△2,000	受 取 配 当 金	＋1,600	△6,400
固定資産売却益	△19,000		固定資産売却益	＋12,000	△7,000
売上債権の増加額	△3,000	△4,000	相 殺 消 去	＋2,000	△5,000
仕入債務の減少額	△5,000	△2,500	相 殺 消 去	△2,000	△9,500
棚卸資産の増加額	△2,500	△1,000	棚 卸 資 産	＋200	△3,300
小　計	25,000	7,600			32,600

第4節　持分法適用会社からの配当金

持分法適用会社からの配当金受取額については、以下の2つの表示方法が認められている。

原則	持分法適用会社からの受取配当金を「利息及び配当金の受取額」に記載する。
容認	持分法適用会社からの受取配当金を営業キャッシュ・フローの区分に表示している場合には、「利息及び配当金の受取額」と「持分法による投資損益」を相殺することができる。

■ 例題3　持分法適用会社
重要度C

以下の資料に基づき、当期の連結キャッシュ・フロー計算書（間接法）を作成しなさい。

(1)　P社はA社株式の30%を保有しており、A社を持分法適用関連会社としている。

(2)　P社及びA社の個別キャッシュ・フロー計算書は次のとおりである。　　　　　　　　（単位：円）

	P社	A社
営業活動によるキャッシュ・フロー		
税引前当期純利益	30,000	20,000
減価償却費	8,000	2,000
受取利息配当金	△6,000	△1,000
売上債権の増加額	△3,000	△4,000
仕入債務の減少額	△5,000	△3,000
棚卸資産の増加額	△2,000	△1,000
小　計	22,000	13,000
利息及び配当金の受取額	6,000	1,000
営業活動によるキャッシュ・フロー	28,000	14,000
	：	：
財務活動によるキャッシュ・フロー		
配当金の支払額	△10,000	△6,000
財務活動によるキャッシュ・フロー	△10,000	△6,000

(3)　持分法適用に係るのれんはないものとする。

(4)　他の連結会社による影響は考慮しない。

(5)　税金及び税効果会計は考慮しない。

問1　原則法を採用した場合

問2　容認法を採用した場合

■ 解答解説（単位：円）

〔持分法適用仕訳〕

1．利益の計上

（借）投　資　有　価　証　券	6,000	（貸）持分法による投資損益	6,000

※　20,000（A社利益）×30%（P社比率）＝6,000

2．剰余金の配当の修正

（借）受　取　利　息　配　当　金	1,800	（貸）投　資　有　価　証　券	1,800

[問1]　原則法

1．連結キャッシュ・フロー計算書

P社

営業活動によるキャッシュ・フロー	
税金等調整前当期純利益	34,200※1
減価償却費	8,000※2
受取利息配当金	△4,200※3
持分法による投資利益	△6,000※4
売上債権の増加額	△3,000※2
仕入債務の減少額	△5,000※2
棚卸資産の増加額	△2,000※2
小　計	22,000
利息及び配当金の受取額	6,000※5
営業活動によるキャッシュ・フロー	28,000
	：
財務活動によるキャッシュ・フロー	
配当金の支払額	△10,000※2
財務活動によるキャッシュ・フロー	△10,000

※1　30,000（P社）＋ 6,000（持分法による投資利益）－ 1,800（受配当金）＝ 34,200
※2　A社の個別C/Sは合算しないため、P社計上額となる。
※3　6,000（P社）－ 1,800（受配当金）＝ 4,200
※4　6,000（利益の計上）
※5　A社の個別C/Sは合算しないため、P社の「利息及び配当金受取額」とA社の「配当金の支払額」は相殺しない。

2．原則法における連結C/S作成のための修正仕訳

（借）	税金等調整前当期純利益	1,800	（貸）	受 取 利 息 配 当 金	1,800
（借）	持分法による投資損益	6,000	（貸）	税金等調整前当期純利益	6,000

項目	P社	相殺／表示組替		連結C/S
営業活動によるキャッシュ・フロー				
税金等調整前当期純利益	30,000	受 取 配 当 金　　△1,800 持分法による投資利益　　＋6,000		34,200
減価償却費	8,000			8,000
受取利息配当金	△6,000	受 取 配 当 金　　＋1,800		△4,200
持分法による投資利益		持分法による投資利益　　△6,000		△6,000
売上債権の増加額	△3,000			△3,000
仕入債務の減少額	△5,000			△5,000
棚卸資産の増加額	△2,000			△2,000
小　計	22,000			22,000
利息及び配当金の受取額	6,000			6,000
営業活動によるキャッシュ・フロー	28,000			28,000

問2　容認法

1．連結キャッシュ・フロー計算書

	P社
営業活動によるキャッシュ・フロー	
税金等調整前当期純利益	34,200
減価償却費	8,000
受取利息配当金	△4,200
持分法による投資利益	△4,200※1
売上債権の増加額	△3,000
仕入債務の減少額	△5,000
棚卸資産の増加額	△2,000
小　計	23,800
利息及び配当金の受取額	4,200※2
営業活動によるキャッシュ・フロー	28,000
	:
財務活動によるキャッシュ・フロー	
配当金の支払額	△10,000
財務活動によるキャッシュ・フロー	△10,000

※1　6,000（持分法による投資利益）－1,800（利息及び配当金の受取額）＝4,200
※2　6,000（P社）－1,800（持分法による投資利益）＝4,200

2．容認法における連結C／S作成のための修正仕訳

（借）税金等調整前当期純利益	1,800	（貸）受取利息配当金	1,800
（借）利息及び配当金の受取額	1,800	（貸）持分法による投資損益	1,800
（借）持分法による投資損益	6,000	（貸）税金等調整前当期純利益	6,000

項目	P社	相殺／表示組替		連結C／S
営業活動によるキャッシュ・フロー				
税金等調整前当期純利益	30,000	受取配当金 持分法による投資利益	△1,800 ＋6,000	34,200
減価償却費	8,000			8,000
受取利息配当金	△6,000	受取配当金	＋1,800	△4,200
持分法による投資利益		持分法による投資利益 利息及び配当金の受取額	△6,000 ＋1,800	△4,200
売上債権の増加額	△3,000			△3,000
仕入債務の減少額	△5,000			△5,000
棚卸資産の増加額	△2,000			△2,000
小　計	22,000			23,800
利息及び配当金の受取額	6,000	持分法による投資利益	△1,800	4,200
営業活動によるキャッシュ・フロー	28,000			28,000

第5節　間接法・簡便法による場合の作成方法

　間接法・簡便法の場合、連結貸借対照表・連結損益計算書に基づき個別キャッシュ・フロー計算書の間接法と同様の方法により、連結キャッシュ・フロー計算書を作成する。

　なお、連結貸借対照表・連結損益計算書を作成する際の連結修正仕訳において、内部取引等は修正されているため、連結キャッシュ・フロー計算書を作成する段階では、考慮する必要はない。

　ただし、以下の2点に留意すること。

---

① 　営業活動によるキャッシュ・フローは税金等調整前当期純利益からスタートする。
② 　連結損益計算書固有の項目であるのれん償却額、負ののれん発生益、持分法による投資損益，段階取得に係る差損益等を計上する。

■ 例題4　間接法・簡便法

以下の資料に基づき、当期の連結キャッシュ・フロー計算書（間接法）を作成しなさい。

(1)　P社は前期末にS社株式の60％を243,000円で取得し、S社を子会社とした。

(2)　前期末時点のS社の資本勘定は次のとおりである。なお、前期末時点のS社の土地（簿価200,000円）の時価は250,000円であった。

資本金	利益剰余金
175,000	130,000

(3)　前期末及び当期末の連結貸借対照表は次のとおりである。

連 結 貸 借 対 照 表　　　　　　（単位：円）

勘 定 科 目	前 期 末	当 期 末	勘 定 科 目	前 期 末	当 期 末
現 金 預 金	245,600	290,800	買 掛 金	96,240	93,000
売 掛 金	168,000	183,000	未 払 費 用	6,900	8,100
貸 倒 引 当 金	△3,360	△3,660	借 入 金	255,000	300,000
商 品	121,000	110,400	資 本 金	500,000	500,000
未 収 収 益	14,900	13,100	利 益 剰 余 金	179,000	206,040
土 地	573,000	573,000	非支配株主持分	142,000	148,000
の れ ん	30,000	28,500			
貸 付 金	30,000	60,000			
	1,179,140	1,255,140		1,179,140	1,255,140

(4)　当期の連結損益計算書は次のとおりである。

連 結 損 益 計 算 書　　　　　　（単位：円）

売 上 原 価	764,600	売 上	1,135,000
貸 倒 引 当 金 繰 入 額	3,660	受 取 利 息 配 当 金	59,800
営 業 費	273,200		
の れ ん 償 却 額	1,500		
支 払 利 息	40,800		
非支配株主に帰属する当期純利益	14,000		
親会社株主に帰属する当期純利益	97,040		
	1,194,800		1,194,800

(5)　S社は当期中に利益剰余金から20,000円の配当を行っている。

(6)　のれんは発生年度の翌期から20年間にわたり定額法により償却する。

(7)　連結貸借対照表に計上されている経過勘定の内訳は次のとおりである。

前期末　未収収益：全て受取利息配当金　未払費用：営業費4,800円、支払利息2,100円

当期末　未収収益：全て受取利息配当金　未払費用：営業費5,800円、支払利息2,300円

(8) 当期のＰ社のＳ社に対する商品販売高は67,000円である。なお、Ｓ社の期末商品にはＰ社が付加した利益が1,600円含まれている。

(9) 当期末のＰ社の売掛金には、Ｓ社に対するものが7,000円含まれている。なお、期末売上債権残高の2％について貸倒引当金を設定している。

(10) 税金及び税効果会計は考慮しない。

(11) 利息及び配当金の受取額、利息の支払額について、営業活動によるキャッシュ・フローの区分に表示している。

■ 解答解説（単位：円）||||||||||||||||||||||||||||||||||||||||||||||||||||||||||||||||||||||||||||||||||||||||||||||||||||||||||

	Ｐ社
営業活動によるキャッシュ・フロー	
税金等調整前当期純利益	111,040※1
のれん償却額	1,500※2
貸倒引当金の増加額	300※3
受取利息配当金	△59,800※2
支払利息	40,800※2
売上債権の増加額	△15,000※4
棚卸資産の減少額	10,600※5
仕入債務の減少額	△3,240※6
未払費用の増加額	1,000※7
小　計	87,200
利息及び配当金の受取額	61,600※8
利息の支払額	△40,600※9
営業活動によるキャッシュ・フロー	108,200

※1　97,040（親会社株主に帰属する当期純利益）＋14,000（非支配株主に帰属する当期純利益）＝111,040
※2　Ｐ／Ｌ計上額
※3　3,660（当期末Ｂ／Ｓ）－3,360（前期末Ｂ／Ｓ）＝300
※4　168,000（前期末Ｂ／Ｓ）－183,000（当期末Ｂ／Ｓ）＝△15,000
※5　121,000（前期末Ｂ／Ｓ）－110,400（当期末Ｂ／Ｓ）＝10,600
※6　93,000（当期末Ｂ／Ｓ）－96,240（前期末Ｂ／Ｓ）＝△3,240
※7　5,800（当期末未払営業費）－4,800（前期末未払営業費）＝1,000
※8　59,800（Ｐ／Ｌ計上額）＋14,900（前期末Ｂ／Ｓ未収収益）－13,100（当期末Ｂ／Ｓ未収収益）＝61,600
※9　40,800（Ｐ／Ｌ計上額）＋2,100（前期末Ｂ／Ｓ未払利息）－2,300（当期末Ｂ／Ｓ未払利息）＝△40,600

第6節 在外連結キャッシュ・フロー計算書

1 在外子会社のキャッシュ・フロー計算書の換算

在外子会社の外貨表示キャッシュ・フロー計算書は、「外貨建取引等会計処理基準」における収益及び費用の換算方法に準じて換算する。

項目	換算方法
営業活動，投資活動及び財務活動によるキャッシュ・フロー[1]	原則：期中平均相場（AR）
	容認：決算時の為替相場（CR）
連結会社相互間のキャッシュ・フロー[2]	親会社が換算した為替相場（HR） 又は 期中平均相場（AR）
資本取引に関するキャッシュ・フロー（増資・配当等）[3]	発生時の為替相場（HR）
現金及び現金同等物の期首残高[4]	前期末決算時の為替相場（CR）
現金及び現金同等物の期末残高[4]	決算時の為替相場（CR）

※1　損益計算書と同じくフロー項目であるため，原則、期中平均相場（AR）で換算する。
※2　換算方法について明確なルールがないため問題文の指示に従う。
※3　在外子会社の換算において資本取引をHR換算することとの整合性を図るため、発生時の為替相場（HR）で換算する。
※4　貸借対照表と同じくストック項目であるため、決算時の為替相場（CR）で換算する。

2 現金及び現金同等物に係る換算差額

在外子会社のキャッシュ・フロー計算書の換算から生じる差額は、「現金及び現金同等物に係る換算差額」として表示する。

現金及び現金同等物に係る換算差額 ＝ 現金及び現金同等物の増減額－（営業CF ＋ 投資CF ＋ 財務CF）

現金及び現金同等物の増減額 ＝ 円換算後の現金及び現金同等物の期末残高－円換算後の現金及び現金同等物の期首残高

■ 例題5　直接法・原則法

以下の資料に基づき、円換算後のS社のキャッシュ・フロー計算書を作成しなさい。

(1)　P社は海外企業のS社を100％子会社としている。

(2)　S社の個別キャッシュ・フロー計算書　　　　　　（単位：ドル）

Ⅰ　営業活動によるキャッシュ・フロー	
営業収入	900
商品の仕入れによる支出	△550
人件費の支出	△50
その他の営業支出	△62
小　計	238
利息の支払額	△18
営業活動によるキャッシュ・フロー	220
Ⅱ　財務活動によるキャッシュ・フロー	
短期借入れによる収入	300
配当金の支払額	△100
財務活動によるキャッシュ・フロー	200
Ⅲ　現金及び現金同等物の増加額	420
Ⅳ　現金及び現金同等物の期首残高	1,450
Ⅴ　現金及び現金同等物の期末残高	1,870

(3)　換算に用いる為替相場は次のとおりである。

前期末決算時の為替相場	1ドル＝110円
配当時の為替相場	1ドル＝115円
期中平均相場	1ドル＝116円
当期末決算時の為替相場	1ドル＝120円

■ 解答解説 (単位：円) ‖‖‖

項目	ドル建	換算レート	円建
Ⅰ　営業活動によるキャッシュ・フロー			
営業収入	900	ＡＲ116	104,400
商品の仕入による支出	△550	ＡＲ116	△63,800
人件費の支出	△50	ＡＲ116	△5,800
その他の営業支出	△62	ＡＲ116	△7,192
小　計	238	ＡＲ116	27,608
利息の支払額	△18	ＡＲ116	△2,088
営業活動によるキャッシュ・フロー	220		25,520
Ⅱ　財務活動によるキャッシュ・フロー			
短期借入れによる収入	300	ＡＲ116	34,800
配当金の支払額	△100	ＨＲ115	△11,500
財務活動によるキャッシュ・フロー	200		23,300
Ⅲ　現金及び現金同等物に係る換算差額	－	※1	16,080
Ⅳ　現金及び現金同等物の増加額	420	※2	64,900
Ⅴ　現金及び現金同等物の期首残高	1,450	前期末ＣＲ110	159,500
Ⅵ　現金及び現金同等物の期末残高	1,870	当期末ＣＲ120	224,400

※1　現金及び現金同等物に係る換算差額：64,900（増加額※2）－｜25,520（営業ＣＦ）＋23,300（財務ＣＦ）｜＝16,080

※2　現金及び現金同等物の増加額：224,400（期末残高）－159,500（期首残高）＝64,900

第37章

セグメント情報

第1節　セグメント情報等に関する基本事項

1　セグメント情報とその必要性

　セグメント情報とは、売上高、利益（又は損失）、資産その他の財務情報を、事業の構成単位に分別した情報をいう。

　ある企業が複数の事業を行っている場合であっても、財務諸表において開示される情報は、複数の事業から獲得された収益やそれぞれの事業に関連する資産、負債の金額を合算したものである。また、連結財務諸表において開示される情報は子会社や親会社の財務情報を合算したものである。

　これでは、企業の多角化・グローバル化が進む現在において、企業及び企業集団の収益性・成長性・リスク等の細かい分析を行うことが困難となる。

　つまり、財務諸表や連結財務諸表の提供する情報を補完し、多角化した事業活動の内容や経営環境に関する有用な情報を提供するために、セグメント情報の開示が必要なのである。

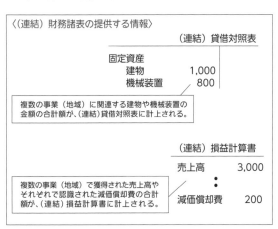

2　本会計基準の適用範囲

　セグメント情報等は、財務諸表の**注記事項**として開示される。本会計基準は、すべての企業の連結財務諸表又は個別財務諸表におけるセグメント情報等の開示に適用する。なお、**連結財務諸表でセグメント情報等の開示を行っている場合は、個別財務諸表での開示を要しない。**

3　マネジメント・アプローチ

　セグメント情報は、「マネジメント・アプローチ」の考え方に基づき開示される。「マネジメント・アプローチ」とは経営上の意思決定を行い、業績を評価するために、**経営者が企業を事業の構成単位に分別した方法を基礎として、セグメント情報を開示する方法**である。

4　事業セグメントと報告セグメント

(1)　事業セグメント

　　事業セグメントとは、経営上の意思決定を行い、また、業績を評価する目的で経営者が設定する企業の構成単位をいい、一定の要件を満たすものをいう。なお、経済的特徴が概ね類似している場合等、一定の要件を満たす場合、複数の事業セグメントを１つの事業セグメントに集約することができる。なお、本社や研究開発部門等、収益を稼得していない構成単位は、事業セグメントとならない。

(2)　報告セグメント

　　報告セグメントとは、事業セグメントのうち、報告するべきセグメントのことをいう。すなわち、識別されたすべての事業セグメントをセグメント情報として開示するわけではない。これは、細分化され過ぎた構成単位の情報は、財務諸表利用者にとって有用ではなく、かつ企業が開示するにあたって負担になると考えられているためである。

5　セグメント情報の開示項目

　　企業は、セグメント情報として、次の事項を開示しなければならない。

---

①　報告セグメントの概要
②　報告セグメントの利益（又は損失）、資産、負債及びその他の重要な項目の額
③　開示する項目の合計額とこれに対応する財務諸表計上額との間の差異調整に関する事項

6　雛形

	事業A	事業B	事業C	その他	計	調整額	連結財務諸表計上額
売上高							
外部顧客への売上高	×××	×××	×××	×××	×××	×××	×××
セグメント間の内部売上高	×××	×××	×××	×××	×××	×××	×××
計	×××	×××	×××	×××	×××	×××	×××
セグメント利益	×××	×××	×××	×××	×××	×××	×××
セグメント資産	×××	×××	×××	×××	×××	×××	×××
セグメント負債	×××	×××	×××	×××	×××	×××	×××
その他の項目							
減価償却費	×××	×××	×××	×××	×××	×××	×××
のれんの償却額	×××	×××	×××	×××	×××	×××	×××
支払利息	×××	×××	×××	×××	×××	×××	×××
税金費用	×××	×××	×××	×××	×××	×××	×××

第2節　セグメント情報の測定方法

1　セグメント間の取引又はセグメント内の取引

セグメント間の取引は**異なるセグメント間の取引**であるため、セグメント情報の開示に当たり当該取引は**消去しない**。対して、セグメント内の取引は**同一セグメント内の内部取引**であるため、セグメント情報の開示に当たり、当該取引は**消去する**。

		セグメント情報での取り扱い
セグメント間の取引	売上高	セグメント間の内部売上高又は振替高として**表示**
	利　益	セグメント間の取引から生じた利益を含んだ額で**表示**
	資　産	セグメント間の取引から生じた利益を含んだ額で**表示**
セグメント内の取引		セグメント情報としては**表示されない**

具体例 セグメント間取引とセグメント内取引

P社はS社を連結子会社として支配している。P社はA事業及びB事業を、S社はB事業を営んでいる。

① 　P社のA事業は、S社のB事業に商品の販売200を行っている。

② 　P社のB事業は、S社のB事業に商品の販売100を行っている。

この場合、①の取引がセグメント間の内部売上高又は振替高としてセグメント情報に表示される。

	A事業部	B事業部	合計
売上高			
外部顧客への売上高	×××	×××	×××
セグメント間の内部 　売上高又は振替高	200	—	200

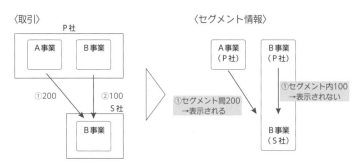

※　なお、P社の個別損益計算書においては、売上高300（①200＋②100）となる一方、連結上では、どちらも企業集団内部の取引となるため、全額相殺消去され、連結損益計算書には計上されない。

② 収益・費用、資産等のセグメントへの配分

　セグメント情報の開示に当たり、企業の収益・費用、資産等は、**事業セグメントごとに把握**する必要がある。この際、各事業セグメントに**直接配分できるもの**と、**直接配分できないもの及び事業セグメントに配分しないもの**がある。**直接配分できない場合**には、**合理的な基準**によって各事業セグメントに配分する。

具体例 費用のセグメントへの配分

　P社は、A製品を製造するA事業及びB製品を製造するB事業を営んでいる。A製品・B製品は同じ工場で製造されている。以下の資料に基づき、各事業セグメントの利益を算定する。

〔収益又は費用に関する資料〕

	A事業部	B事業部	本社 （共通費）	合計
外部顧客への売上高	1,000	800	－	1,800
売上原価	400	100	－	500
工場減価償却費	（　　　　）	（　　　　）	－	200
販売費及び一般管理費	－	－	500	500

〔配賦基準〕

	A事業部	B事業部
工場の使用面積	75％	25％
直接労務費の比率	60％	40％

　ケース1：工場減価償却費は工場の使用面積の比率に応じて配賦し、販売費及び一般管理費は直接労務費の比率で配賦する場合

　ケース2：工場減価償却費は工場の使用面積の比率に応じて配賦し、販売費及び一般管理費は全社費用として各事業セグメントに配分しない場合

	ケース1			ケース2		
	A事業部	B事業部	合計	A事業部	B事業部	合計
外部顧客への売上高	1,000	800	1,800	1,000	800	1,800
売上原価	400	100	500	400	100	500
工場減価償却費	150	50	200	150	50	200
販売費及び一般管理費	300	200	500	－	－	－
セグメント利益	150	450	600	450	650	1,100

第3節　報告セグメントの決定

1 量的基準の要件

　企業は、以下の量的基準のいずれかを満たす事業セグメントを「報告セグメント」として開示しなければならない。なお、当該規定は、量的基準のいずれにも満たない事業セグメントを、報告セグメントとして開示することを妨げるものではない。

① 売上高（事業セグメント間の内部売上高又は振替高を含む）がすべての事業セグメントの売上高の合計額の10％以上であること（売上高には役務収益を含む。以下、同じ）
② 利益又は損失の絶対値が、利益の生じているすべての事業セグメントの利益の合計額、又は、損失の生じているすべての事業セグメントの損失の合計額の絶対値のいずれか大きい額の10％以上であること
③ 資産が、すべての事業セグメントの資産の合計額の10％以上であること

■ 例題1　報告セグメントの決定　　　　　　　　　　　重要度 B

　量的基準に基づき、報告セグメントとなる事業部を答えなさい。

(1) 当社はA事業部～E事業部を事業セグメントとして識別した。

(2) 各セグメントの売上高、利益（又は損失）及び資産は次のとおりである。　　　　（単位：円）

	A事業部	B事業部	C事業部	D事業部	E事業部	合計
売上高						
外部顧客への売上高	12,000	2,000	10,000	6,500	1,500	32,000
セグメント間の内部売上高又は振替高	－	7,500	－	－	－	7,500
計	12,000	9,500	10,000	6,500	1,500	39,500
セグメント利益	1,350	1,500	△300	350	△200	2,700
セグメント資産	11,000	9,000	5,000	8,000	2,000	35,000

　※1　B事業部はC事業部に製品7,500円を販売している。
　※2　C事業部の資産には、B事業部が付加した利益が100円含まれている。

■ 解答解説（単位：円）||||||||||||||||||||||||||||||||||||||||||||||||||||||||||

	A事業部	B事業部	C事業部	D事業部	E事業部
売上高基準	○	○	○	○	×
損益基準	○	○	×	○	×
資産基準	○	○	○	○	×
結論	報告セグメントとなる	報告セグメントとなる	報告セグメントとなる	報告セグメントとなる	報告セグメントから外れる

　※　なお、E事業部を報告セグメントとして開示することも認められる。

〔売上高基準〕（セグメント間の売上高又は振替高を含んだ金額で判定する）

A事業部：12,000 ÷ 39,500 ≒ 30.4% ≧ 10%

B事業部：9,500 ÷ 39,500 ≒ 24.1% ≧ 10%

C事業部：10,000 ÷ 39,500 ≒ 25.3% ≧ 10%

D事業部：6,500 ÷ 39,500 ≒ 16.5% ≧ 10%

E事業部：1,500 ÷ 39,500 ≒ 3.8% ＜ 10%

〔損益基準〕（セグメント間の取引から生じた内部利益を含んだ金額で判定する）

　まず、利益の生じている事業セグメントの利益合計の絶対値と損失の生じている事業セグメントの損失合計の絶対値を比較する。

> ①　利益の生じている事業セグメントの利益合計（絶対値）：1,350 ＋ 1,500 ＋ 350 ＝ 3,200
> ②　損失の生じている事業セグメントの損失合計（絶対値）：300 ＋ 200 ＝ 500

　次に、①と②のうち、大きい方を選択する。→　3,200（これを判定の際の分母に用いる）

A事業部：1,350 ÷ 3,200 ≒ 42.2% ≧ 10%

B事業部：1,500 ÷ 3,200 ≒ 46.9% ≧ 10%

C事業部： 300 ÷ 3,200 ≒ 9.4% ＜ 10%

D事業部： 350 ÷ 3,200 ≒ 10.9% ≧ 10%

E事業部： 200 ÷ 3,200 ≒ 6.3% ＜ 10%

〔資産基準〕（セグメント間の取引から生じた内部利益を含んだ金額で判定する）

A事業部：11,000 ÷ 35,000 ≒ 31.4% ≧ 10%

B事業部：9,000 ÷ 35,000 ≒ 25.7% ≧ 10%

C事業部：5,000 ÷ 35,000 ≒ 14.3% ≧ 10%

D事業部：8,000 ÷ 35,000 ≒ 22.9% ≧ 10%

E事業部：2,000 ÷ 35,000 ≒ 5.7% ＜ 10%

2 報告セグメントの売上高合計が小さい場合

　報告セグメントの外部顧客への売上高の合計額が連結損益計算書又は個別損益計算書（以下、「損益計算書」）の売上高の75％未満である場合には、損益計算書の売上高の75％以上が報告セグメントに含まれるまで、報告セグメントとする事業セグメントを追加して識別しなければならない。

　当該規定は、量的基準を適用した結果、報告セグメントとなった事業セグメントが少なくなってしまった状況下において、開示が不十分となることを回避する趣旨がある。

具体例 報告セグメントの売上高合計が小さい場合の具体例

　当社は以下のA事業部〜F事業部までを事業セグメントとして識別した。各セグメントの売上高は、以下の通りである。なお、量的基準を適用する際には、売上高基準以外は便宜上、考慮しないものとする。

	A事業部	B事業部	C事業部	D事業部	E事業部	F事業部	合計
売上高 　外部顧客への売上高	10,000	3,000	1,700	1,500	1,400	400	18,000
〔売上高基準〕	55.6%	16.7%	9.4%	8.3%	7.8%	2.2%	

　ここで、量的基準によると、A事業部とB事業部のみが報告セグメントとされる。

　ただし、A事業部とB事業部の売上高合計13,000は損益計算書の売上高18,000の75％未満である（13,000 ÷ 18,000 ≒ 72.2％）。よって、報告セグメントの売上高合計が損益計算書の売上高の75％以上になるように、報告セグメントを追加する必要がある。

　この場合、C事業部を追加することで、75％以上（14,700 ÷ 18,000 ≒ 81.7％）となるため、C事業部についても報告セグメントとする必要がある。

---

3 報告セグメントとならなかった事業セグメントの取扱い

　報告セグメントに含まれない事業セグメント及びその他の収益を稼得する事業活動に関する情報は、セグメント情報の差異調整の中で、他の調整項目とは区分して、「その他」の区分に一括して開示しなければならない。

第4節　セグメント情報の開示項目

1　セグメント情報の開示項目

企業は、セグメント情報として、次の事項を開示しなければならない。

> (1) 報告セグメントの概要
> (2) 報告セグメントの利益（又は損失）、資産、負債及びその他の重要な項目の額
> (3) 開示する項目の合計額とこれに対応する財務諸表計上額との間の差異調整に関する事項

(1) 報告セグメントの概要

企業は、報告セグメントの概要として、①報告セグメントの決定方法及び②各報告セグメントに属する製品及びサービスの種類を開示しなければならない。

(2) 報告セグメントの利益（又は損失）、資産、負債

分類	具体的な項目
① 必須開示項目	①-1 各報告セグメントの**利益（又は損失）**の額 ①-2 各報告セグメントの**資産**の額
② 最高意思決定期機関に対して方法が定期的に提供され、使用されている場合	② 各報告セグメントの**負債**の額
③ 上記①-1に右の項目が含まれている場合、又は、右の項目が最高意思決定期機関に対して方法が定期的に提供され、使用されている場合	③-1 外部顧客への売上高 ③-2 事業セグメント間の内部売上高又は振替高 ③-3 減価償却費 ③-4 のれんの償却額及び負ののれん ③-5 受取利息及び支払利息 ③-6 持分法投資利益（又は損失） ③-7 特別利益及び特別損失 ③-8 税金費用（法人税等及び法人税等調整額） ③-9 上記以外の重要な非資金損益項目
④ 上記①-2に右の項目が含まれている場合、又は、右の項目が最高意思決定期機関に対して方法が定期的に提供され、使用されている場合	④-1 持分法適用会社への投資額（当年度末残高） ④-2 有形固定資産及び無形固定資産の増加額

	報告セグメント			その他	合計
	日本	米国	計		
売上高					
外部顧客への売上高 ③-1	5,200	4,300	9,500	300	9,800
セグメント間の内部売上高 ③-2	1,400	400	1,800	-	1,800
計	6,600	4,700	11,300	300	11,600
セグメント利益 ①-1	600	180	780	30	810
セグメント資産 ①-2	6,600	2,800	9,400	200	9,600
セグメント負債 ②	2,100	1,700	3,800	100	3,900
その他の項目 ③・④					
減価償却費 ③-3	200	200	400	30	430
のれんの償却額 ③-4	100	10	110	-	110
受取利息 ③-5	70	10	80	40	120
支払利息 ③-5	600	340	940	-	940
持分法投資利益又は損失 ③-6	60	△10	50	-	50
特別利益 ③-7	10	-	10	-	10
特別損失 ③-7	700	300	1,000	50	1,050
持分法適用会社への投資額 ④-1	740	95	835	-	835
有形固定資産及び無形固定資産の増加額 ④-2	400	390	790		790

※ この形式は、調整額（差異調整）は別の表で表示する形式であるため、調整額の欄はない。

(3) 差異調整

企業は、次の項目について、その差異調整に関する事項を開示しなければならない。

```
① 報告セグメントの売上高の合計額と損益計算書の売上高計上額
② 報告セグメントの利益（又は損失）の合計額と損益計算書の利益（又は損失）計上額
③ 報告セグメントの資産の合計額と貸借対照表の資産計上額
④ 報告セグメントの負債の合計額と貸借対照表の負債計上額
⑤ その他の開示される各項目について、報告セグメントの合計額とその対応する科目の財務諸表計上額
```

差異調整の表示する形式は、差異調整を**一表により示す形式**と**別表により示す形式**の2つが認められる。

〔差異調整を一表により示す形式〕

	日本	米国	その他	計	調整額	連結財務諸表計上額
売上高						
外部顧客への売上高	5,200	4,300	300	9,800	-	9,800
セグメント間の内部売上高	1,400	400	-	1,800	△1,800	-
計	6,600	4,700	300	11,600	△1,800	9,800
セグメント利益	600	180	30	810	△40	770
セグメント資産	6,600	2,800	200	9,600	300	9,900

〔差異調整を別表により示す形式〕

	報告セグメント			その他	合計
	日本	米国	計		
売上高					
外部顧客への売上高	5,200	4,300	9,500	300	9,800
セグメント間の内部売上高	1,400	400	1,800	−	1,800
計	6,600	4,700	11,300	300	11,600
セグメント利益	600	180	780	30	810
セグメント資産	6,600	2,800	9,400	200	9,600

売上高	金額
報告セグメント計	11,300
その他の売上高	300
セグメント間取引消去	△1,800
連結財務諸表の売上高	9,800

利益	金額
報告セグメント計	780
その他の利益	30
セグメント間取引消去	△40
連結財務諸表の 　税金等調整前当期純利益	770

資産	金額
報告セグメント計	9,400
その他の資産	200
配分していない全社資産	300
連結財務諸表の資産合計	9,900

■ 例題2　セグメント情報の開示

以下の資料に基づき、開示されるセグメント情報（売上高）を答えなさい。

(1)　P社はS社を100％子会社としている。

(2)　P社グループは以下のA事業部～C事業部までを事業セグメントとして識別した。

(3)　報告セグメントは量的基準に基づき判定する。

(4)　各セグメントの売上高は以下の通りである。　　　　　　　　　（単位：円）

| | P社 | | | S社 | | |
	A事業部	B事業部	C事業部	B事業部	C事業部	合計
外部顧客への売上高	25,000	3,500	21,000	－	100	49,600
セグメント間の内部売上高又は振替高	－	－	－	－	400	400
セグメント内の内部売上高又は振替高	－	－	－	2,000	10,000	12,000
計	25,000	3,500	21,000	2,000	10,500	62,000

　　※　S社のB事業部・C事業部はB製品・C製品の製造を行っており、完成した製品をP社のB事業部及びC事業部へ販売している他、C製品は一部、P社のA事業部及び企業集団外部に販売している。

■ 解答解説（単位：円）

〔開示されるセグメントの情報（売上高）〕

	A事業部	C事業部	その他	合計	調整額	連結F／S
売上高						
外部顧客への売上高	25,000	21,100	3,500	49,600	－	49,600
セグメント間の内部売上高又は振替高	－	400	－	400	△400	－
	25,000	21,500	3,500	50,000	△400	49,600

〔報告セグメントの決定（売上高基準）〕

| | P社グループ | | | |
	A事業部	B事業部	C事業部	合計
外部顧客への売上高	25,000	3,500	21,100	49,600
セグメント間の内部売上高又は振替高	－	－	400	400
計	25,000	3,500	21,500	50,000

　　※　判定において、セグメント内の売上高は含めない。

A事業部：25,000 ÷ 50,000 = 50% ≧ 10%

B事業部：3,500 ÷ 50,000 = 7% ＜ 10%

C事業部：21,500 ÷ 50,000 = 43% ≧ 10%

■ 例題3　差異調整

重要度 C

以下の資料に基づき、開示されるセグメント情報を示しなさい。

(1)　当社はA事業部～E事業部までを事業セグメントとして識別した。

(2)　報告セグメントは量的基準に基づき判定する。

(3)　各セグメントの売上高、利益(又は損失)及び資産は次のとおりである。　　　　　(単位:円)

	A事業部	B事業部	C事業部	D事業部	E事業部	合計
売上高						
外部顧客への売上高	12,000	2,000	10,000	6,500	1,500	32,000
セグメント間の内部売上高又は振替高	－	7,500	－	－	－	7,500
計	12,000	9,500	10,000	6,500	1,500	39,500
セグメント利益	1,350	1,500	△300	350	△200	2,700
セグメント資産	11,000	9,000	5,000	8,000	2,000	35,000

※1　B事業部はC事業部に製品7,500円を販売している。

※2　C事業部の資産にはB事業部が付加した利益が100円含まれている。

■ 解答解説 (単位：円)

〔差異調整を一表により示す形式〕

	A事業部	B事業部	C事業部	D事業部	その他	計	調整額	連結財務諸表計上額
売上高								
外部顧客への売上高	12,000	2,000	10,000	6,500	1,500	32,000	－	32,000
セグメント間の内部売上高又は振替高	－	7,500	－	－	－	7,500	△7,500	－
計	12,000	9,500	10,000	6,500	1,500	39,500	△7,500	32,000
セグメント利益	1,350	1,500	△300	350	△200	2,700	△100	2,600
セグメント資産	11,000	9,000	5,000	8,000	2,000	35,000	△100	34,900

〔差異調整を別表により示す形式〕

	報告セグメント					その他	合計
	A事業部	B事業部	C事業部	D事業部	計		
売上高							
外部顧客への売上高	12,000	2,000	10,000	6,500	30,500	1,500	32,000
セグメント間の内部売上高又は振替高	−	7,500	−	−	7,500	−	7,500
計	12,000	9,500	10,000	6,500	38,000	1,500	39,500
セグメント利益	1,350	1,500	△300	350	2,900	△200	2,700
セグメント資産	11,000	9,000	5,000	8,000	33,000	2,000	35,000

売上高	金額
報告セグメント計	38,000
その他の売上高	1,500
セグメント間取引消去	△7,500
連結財務諸表の売上高	32,000

利益	金額
報告セグメント計	2,900
その他の利益	△200
セグメント間取引消去	△100
連結財務諸表の税金等調整前当期純利益	2,600

資産	金額
報告セグメント計	33,000
その他の資産	2,000
セグメント間取引消去	△100
連結財務諸表の資産合計	34,900

※　報告セグメントの判定は例題1と同様であるため、解説では省略している。

第38章

第**38**章

企業結合会計

1 意義

　企業結合とは、ある企業又はある企業を構成する事業と他の企業又は他の企業を構成する事業とが、一つの報告単位に統合されることをいう。

2 企業結合会計の対象取引

　「企業結合に関する会計基準」の対象とする取引は以下のようにまとめられる。

	企業結合形態	経済的実態	会計処理方法
独立企業間の企業結合	合併	取得	パーチェス法
	株式交換		
	株式移転		
	会社分割		
共同支配企業の形成	合弁企業の設立	持分の結合	特有の処理
共通支配下の取引	企業集団内での企業結合	内部取引	特有の処理

3 取得と持分の結合

　企業結合は取引の経済的実態にあわせて、以下のように「取得」と「持分の結合」とに分類することができる。

取得	ある企業が他の企業（被取得企業）又は企業を構成する事業に対する支配を獲得して一つの報告単位となること
持分の結合	いずれの企業（又は事業）の株主（又は持分保有者）も他の企業（又は事業）を支配したとは認められず、結合後企業のリスクや便益を引き続き相互に共有することを達成するため、それぞれの事業のすべて又は事実上のすべてを統合して一つの報告単位となること

(1) 取得と支配

　「取得」は、結合当事企業のいずれかがもう一方の支配を獲得するという経済的実態を有している。

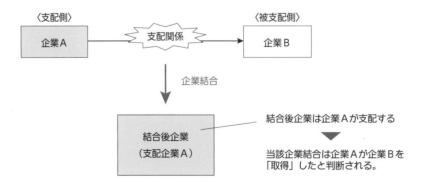

⑵ 持分の結合と支配

「持分の結合」は、いずれの結合当事企業も他の結合当事企業に対する支配を獲得したとは合理的に判断できないという経済的実態を有している。

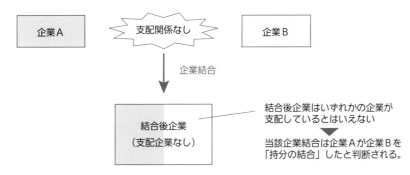

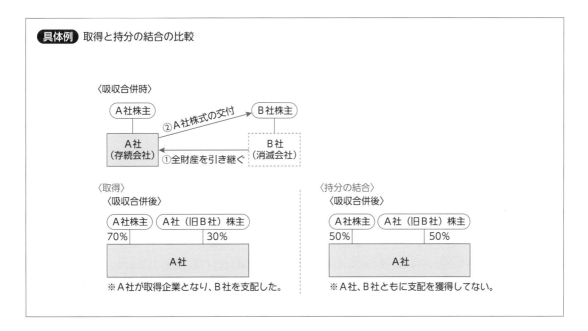

具体例 取得と持分の結合の比較

〈吸収合併時〉

〈取得〉
〈吸収合併後〉

〈持分の結合〉
〈吸収合併後〉

※A社が取得企業となり、B社を支配した。

※A社、B社ともに支配を獲得してない。

4 取得の会計処理

企業結合が取得に該当する場合、パーチェス法を適用する。パーチェス法とは、被取得企業から受け入れる資産及び負債を時価（公正価値）により評価する方法をいう。

第2節　独立企業間の企業結合：合併

1　意義

合併とは、2つ以上の会社が契約により合体し、1つの会社になることをいう。

2　吸収合併

合併には、「吸収合併」と「新設合併」がある。なお、本テキストでは試験上重要性の高い「吸収合併」を用いて説明する。

①　吸収合併

吸収合併とは、ある会社が他の会社を吸収する形態をいい、吸収し存続する会社を「吸収合併存続会社」、吸収され消滅する会社を「吸収合併消滅会社」という。

吸収合併を行うと、①　吸収合併存続会社は吸収合併消滅会社の資産及び負債をすべて引き継ぎ、②その対価として、吸収合併消滅会社の株主に対して株式を発行する。

②　新設合併

新設合併とは、合併当事者の両社を解散して消滅させ、新会社を設立する形態をいう。新しく設立される会社を「新設合併設立会社」、消滅する会社を「新設合併消滅会社」という。

新設合併を行うと、①　新設合併設立会社は新設合併消滅会社の資産及び負債をすべて引き継ぎ、②その対価として、新設合併消滅会社の株主に対して株式を発行する。

3　交付株式数と合併比率

(1)　意義

交付株式数とは、消滅会社の旧株主に対して交付する、存続会社の株式数をいう。

合併比率とは、消滅会社の旧株に対して、存続会社の株式を何株交付するかという割当比率をいう。

(2)　交付株式数の算定方法

合併による交付株式数は消滅会社の発行済株式総数に合併比率を乗じて決定する。

$$交付株式数 ＝ 吸収合併消滅会社の発行済株式総数 × 合併比率$$

(3)　合併比率の算定方法

合併比率は、1株当たりの株式評価額の比率を以下の算式で算定する。

$$合併比率 ＝ \frac{消滅会社の1株当たりの株式評価額}{存続会社の1株当たりの株式評価額}$$

(4)　1株当たりの評価額の算定方法

1株当たりの評価額は、企業評価額を発行済株式総数で除して算定することができる。ここで、企業評価額の算定方法は、以下の方法が挙げられる。

①　株式市価法

株式市価法とは、株価に発行済株式総数を乗じて企業評価額を算定する方法をいう。

$$企業評価額 ＝ 株価 × 発行済株式総数$$

②　簿価法（帳簿価額法）

簿価法（帳簿価額法）とは、貸借対照表の資本（簿価）を企業評価額とする方法をいう。

$$企業評価額 ＝ 資産（簿価）－ 負債（簿価）$$

③　複製原価法（正味財産法）

複製原価法（正味財産法）とは、資産を個別に再調達原価で評価し、これらの合計額から負債を控除した評価後の正味財産額を企業評価額とする方法をいう。

$$企業評価額 ＝ 資産（評価替後）－ 負債（評価替後）$$

④　収益力還元価値法

　　収益力還元価値法とは、資本を利益率で割り戻すことにより企業評価額を算定する方法をいう。ここで、企業評価額の算定方法としては、以下の2つの方法がある。

　i　自己資本利益率を基準とする方法

$$企業評価額 ＝ 自己資本 × 自己資本利益率 ÷ 資本還元率$$

　ii　総資本利益率を基準とする方法

$$企業評価額 ＝ 総資本 × 総資本利益率 ÷ 資本還元率$$

具体例 株式市価法による合併比率及び交付株式数の算定

	合併前発行済株式総数	合併前株価
A社	1,000株	@ 1,000円
B社	500株	@ 600円

合併比率：600円（B社株価）÷ 1,000円（A社株価）＝ 0.6
交付株式数：500株（B社合併前発行済株式総数）× 0.6（合併比率）＝ 300株

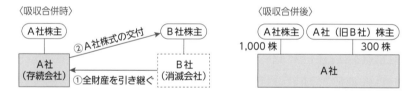

■ 例題 1　合併比率の算定　　　　　　　　　　　　　　　重要度 C

以下の資料に基づき、各問における合併比率及び交付株式数を求めなさい。

(1)　A社とB社は、A社を存続会社、B社を消滅会社とする吸収合併を行った。

(2)　発行済株式総数はA社 2,000 株、B社 1,600 株である。

(3)　自己資本利益率、総資本利益率及び資本還元率は、次のとおりである。

自己資本利益率	A社：7 %
	B社：6 %
総資本利益率	A社：3 %
	B社：2 %
資本還元率	5 %

(4)　A社及びB社の株価は次のとおりである。

　　A社：＠170,000 円　　　　　B社：＠153,000 円

(5)　企業結合日におけるB社の諸資産の時価は 390,720 千円である。なお、諸負債については簿価と時価に乖離はないものとする。

(6)　A社及びB社の合併直前の貸借対照表は次のとおりである。

貸 借 対 照 表

A社　　　　　　　　　　　×年×月×日現在　　　　　　　（単位：千円）

諸　　資　　産	470,000	諸　　負　　債	182,000
		資　　本　　金	100,000
		利　益　剰　余　金	188,000
	470,000		470,000

貸 借 対 照 表

B社　　　　　　　　　　　×年×月×日現在　　　　　　　（単位：千円）

諸　　資　　産	451,200	諸　　負　　債	229,440
		資　　本　　金	80,000
		利　益　剰　余　金	141,760
	451,200		451,200

(7)　税効果会計は考慮しない。

問1　株式市価法を適用した場合
問2　簿価法を適用した場合
問3　複製原価法を適用した場合
問4　収益力還元価値法（自己資本利益率）を適用した場合
問5　収益力還元価値法（総資本利益率）を適用した場合

■ 解答解説 ||||||||||||||||||||||||||||||||||||||||||||||||||||||||||||||||||||||||||||||||||||||||||||||||||||||||||||||||

問1 株式市価法

1．合併比率

$$\frac{153,000\text{円（B社株価）}}{170,000\text{円（A社株価）}} = 0.9$$

2．交付株式数

1,600株（B社発行済株式総数）× 0.9（合併比率）＝ 1,440株

問2 簿価法

1．合併比率

$$\frac{138,600\text{円（B社1株当たり評価額}_{※1}）}{144,000\text{円（A社1株当たり評価額}_{※2}）} = 0.9625$$

※1 221,760千円（B社資本合計）÷1,600株（B社発行済株式総数）＝138,600円
※2 288,000千円（A社資本合計）÷2,000株（A社発行済株式総数）＝144,000円

2．交付株式数

1,600株（B社発行済株式総数）× 0.9625（合併比率）＝ 1,540株

問3 複製原価法

1．合併比率

$$\frac{100,800\text{円（B社1株当たり評価額}_{※1}）}{144,000\text{円（A社1株当たり評価額}_{※2}）} = 0.7$$

※1 ｜390,720千円（評価替後B社資産）－229,440千円（B社負債）｜÷1,600株（B社発行済株式総数）＝100,800円
※2 288,000千円（A社資本合計）÷2,000株（A社発行済株式総数）＝144,000円

2．交付株式数

1,600株（B社発行済株式総数）× 0.7（合併比率）＝ 1,120株

問4 収益力還元価値法（自己資本利益率）

1．合併比率

$$\frac{166,320\text{円（B社1株当たり評価額}_{※1}）}{201,600\text{円（A社1株当たり評価額}_{※2}）} = 0.825$$

※1 221,760千円（B社資本合計）× 6 ％÷ 5 ％÷1,600株（B社発行済株式総数）＝166,320円
※2 288,000千円（A社資本合計）× 7 ％÷ 5 ％÷2,000株（A社発行済株式総数）＝201,600円

2．交付株式数

1,600株（B社発行済株式総数）× 0.825（合併比率）＝ 1,320株

問5 収益力還元価値法（総資本利益率）

1．合併比率

$$\frac{112,800円（B社1株当たり評価額_{※1}）}{141,000円（A社1株当たり評価額_{※2}）} = 0.8$$

　※1　451,200千円（B社総資本）× 2 ％ ÷ 5 ％ ÷ 1,600株（B社発行済株式総数）＝ 112,800円
　※2　470,000千円（A社総資本）× 3 ％ ÷ 5 ％ ÷ 2,000株（A社発行済株式総数）＝ 141,000円

2．交付株式数

　1,600株（B社発行済株式総数）× 0.8（合併比率）＝ 1,280株

4 合併の会計処理

(1) 取得原価の算定

取得原価は、支払対価となる財の企業結合日における時価とする。ここで、対価として株式を交付した場合、取得原価は次のように算定する。

取得原価 = 企業結合日における取得企業株式の株価 × 交付株式数

※1 新株を発行した場合、払込資本（資本金・資本剰余金）を計上する。なお、増加する払込資本の内訳は任意である。

※2 自己株式を処分した場合（自己株式の処分と新株の発行を同時に行った場合を含む）、取得原価から処分した自己株式の帳簿価額を控除した額を、払込資本の増加として処理する。

(2) 取得原価の配分

取得企業は、被取得企業から受け入れた識別可能な資産及び負債に対して、企業結合日時点の時価を基礎として、取得原価を配分する。

なお、被取得企業の識別可能資産及び負債（時価）の純額と取得原価との差額は、「のれん」又は「負ののれん発生益」として計上する。

■ 例題 2　合併①（新株の発行）　　　　　　　　　　　　　　　　　重要度 A

以下の資料に基づき、合併直後のA社の貸借対照表を作成しなさい。

(1) A社はB社を吸収合併し、株式を交付した。なお、A社が取得企業と判定された。

(2) 発行済株式総数はA社200株、B社100株であり、合併比率はA社：B社 ＝ 1：0.8である。

(3) 企業結合日におけるA社の株価は@105円である。

(4) 増加する払込資本のうち、1株当たり50円を資本金とし、残額は資本剰余金とする。

(5) 企業結合日におけるB社の諸資産の時価は20,500円である。なお、諸負債については簿価と時価に乖離はないものとする。

(6) A社及びB社の合併直前の貸借対照表は次のとおりである。

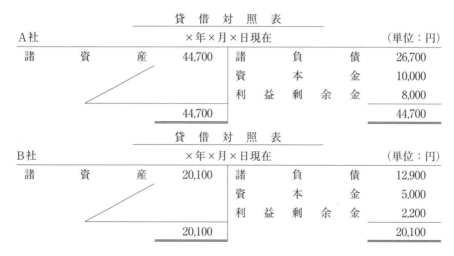

貸 借 対 照 表

| A社 | ×年×月×日現在 | （単位：円） |

諸 資 産	44,700	諸 負 債	26,700
		資 本 金	10,000
		利 益 剰 余 金	8,000
	44,700		44,700

貸 借 対 照 表

| B社 | ×年×月×日現在 | （単位：円） |

諸 資 産	20,100	諸 負 債	12,900
		資 本 金	5,000
		利 益 剰 余 金	2,200
	20,100		20,100

(7) 税効果会計は考慮しない。

■ 解答解説（単位：円）||||||||||||||||||||||||||||||||||||||||||||||||||||||||||||||||||||||||||||||||||||||||||||||||||||||||||||||

1．交付株式数

100株（B社発行済株式総数）×0.8（合併比率）＝80株

2．合併仕訳

（借）	諸 資 産	20,500	（貸）	諸 負 債	12,900
	の れ ん	800※1		資 本 金	4,000※3
				資 本 剰 余 金	4,400※4

※1　のれん：8,400（取得原価※2）－｜20,500（識別可能資産）－12,900（識別可能負債）｜＝800

※2　取得原価：80株（交付株式数）×@105（A社株価）＝8,400

※3　資本金：80株（交付株式数）×@50＝4,000

※4　資本剰余金：8,400（取得原価※2）－4,000（資本金※3）＝4,400

3．合併後個別貸借対照表

貸 借 対 照 表

A社　　　　　　　　　　　×年×月×日現在

諸 資 産	65,200※1	諸 負 債	39,600※1
の れ ん	800※2	資 本 金	14,000※1
		資 本 剰 余 金	4,400※2
		利 益 剰 余 金	8,000※3
	66,000		66,000

※1　A社計上額＋合併仕訳計上額

※2　合併仕訳計上額

※3　A社計上額

■ 例題3　合併②（自己株式の処分）

重要度 B

以下の資料に基づき、合併直後のA社の貸借対照表を作成しなさい。

(1) A社はB社を吸収合併し、株式を交付した。なお、A社が取得企業と判定された。

(2) 発行済株式総数はA社100株、B社100株であり、合併比率はA社：B社＝1：0.6である。

(3) 企業結合日におけるA社の株価は@1,400円である。

(4) B社株主へのA社株式の交付に際して自己株式20株（帳簿価額24,000円）を処分している。

(5) 増加する払込資本のうち、新株1株当たり500円を資本金とし、残額は資本剰余金とする。

(6) 企業結合日におけるB社の諸資産の時価は90,000円である。なお、諸負債については簿価と時価に乖離はないものとする。

(7) A社及びB社の合併直前の貸借対照表は次のとおりである。

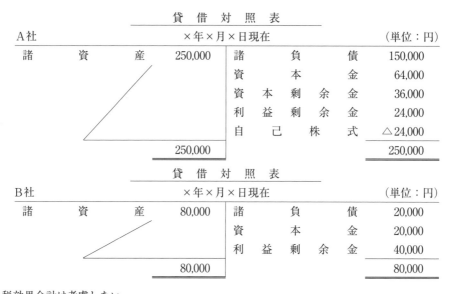

貸 借 対 照 表

A社　　　　　　　　　　　　　×年×月×日現在　　　　　　　　　　　　（単位：円）

諸　　資　　産	250,000	諸　　　負　　　債	150,000
		資　　本　　金	64,000
		資　本　剰　余　金	36,000
		利　益　剰　余　金	24,000
		自　　己　　株　　式	△24,000
	250,000		250,000

貸 借 対 照 表

B社　　　　　　　　　　　　　×年×月×日現在　　　　　　　　　　　　（単位：円）

諸　　資　　産	80,000	諸　　　負　　　債	20,000
		資　　本　　金	20,000
		利　益　剰　余　金	40,000
	80,000		80,000

(8) 税効果会計は考慮しない。

■ 解答解説（単位：円）

1．交付株式数

100株（B社発行済株式総数）×0.6（合併比率）＝60株

2．合併仕訳

（借）諸　　資　　産	90,000	（貸）諸　　　負　　　債	20,000
の　　れ　　ん	14,000[※1]	自　　己　　株　　式	24,000
		資　　本　　金	20,000[※3]
		資　本　剰　余　金	40,000[※5]

※1　のれん：84,000（取得原価[※2]）－｛90,000（識別可能資産）－20,000（識別可能負債）｝＝14,000

※2　取得原価：60株（交付株式数）×@1,400（A社株価）＝84,000

　※　自己株式を処分した場合も、取得原価やのれんの金額に影響を与えない点に留意すること。

※3　資本金：40株（新株発行数[※4]）×@500＝20,000

※4　新株発行数：60株（交付株式数）－20株（自己株式処分数）＝40株

※5　資本剰余金：84,000（取得原価[※2]）－24,000（自己株式帳簿価額）－20,000（資本金）＝40,000

3．合併後個別貸借対照表

貸　借　対　照　表

A社　　　　　　　　　　×年×月×日現在

諸　　　資　　　産	340,000[※1]	
の　　　れ　　　ん	14,000[※2]	
	354,000	

諸　　　　負　　　　債	170,000[※1]
資　　　本　　　　金	84,000[※1]
資　本　剰　余　金	76,000[※1]
利　益　剰　余　金	24,000[※3]
	354,000

※1　A社計上額＋合併仕訳計上額

※2　合併仕訳計上額

※3　A社計上額

5 識別可能資産及び負債の範囲

　識別可能資産及び負債の範囲は、被取得企業の企業結合日前の貸借対照表に計上されていたかどうかに関わらず、企業がそれらに対して対価を支払って取得した場合、原則として、我が国において一般に公正妥当と認められる企業会計の基準の下で認識されるものに限定される。

分類	配分する否か及び配分方法
繰延資産	時価がゼロであるため、取得原価は配分されない。
無形固定資産	法律上の権利など分離して譲渡可能な無形固定資産には取得原価を配分する。
減価償却累計額	有形固定資産を時価で計上するため、減価償却累計額は引き継がない。
金銭債権	貸倒引当金を評価替後で計上する。
退職給付引当金	退職給付引当金は、企業結合日における退職給付債務及び年金資産の正味の価額に基づいて計上する。よって、未認識の差異は引き継がない（全額認識する）。
その他有価証券評価差額金	有価証券を時価で計上するため、引き継がない。
デリバティブ取引から生じる正味の債権債務	デリバティブ取引から生じた正味の資産及び負債を時価で計上する。よって、デリバティブ取引についてヘッジ会計を適用していた場合、繰延ヘッジ損益は引き継がない。
研究開発費	取得原価の一部を研究開発費に配分した場合には、識別可能性の要件を満たす限り、企業結合日における時価に基づき資産として計上する。
企業結合に係る特定勘定	取得後に発生することが予測される特定の事象に対応した費用又は損失であって、その発生の可能性が取得の対価に反映されている場合、企業結合に係る特定勘定として負債を認識する。
取得企業株式	被取得企業が保有する取得企業株式は、識別可能資産として企業結合日の時価に基づき、自己株式として計上する。

■ 例題4　合併③（取得原価の配分①）　重要度 A

以下の資料に基づき、合併直後のA社の貸借対照表を作成しなさい。

(1)　A社はB社を吸収合併し、株式を交付した。なお、A社が取得企業と判定された。

(2)　発行済株式総数はA社500株、B社500株であり、合併比率はA社：B社＝1：0.6である。

(3)　企業結合日におけるA社の株価は＠25円である。

(4)　増加する払込資本の全額を資本金とする。

(5)　企業結合日におけるB社の諸資産及び諸負債の時価等は次のとおりである。なお、以下の項目以外については簿価と時価に乖離はないものとする。

①　売掛金　4,600円　備品　4,000円　特許権　1,500円

②　退職給付債務実績額は1,000円であり、未認識数理計算上の差異が200円（不利差異）生じている。

(6)　A社及びB社の合併直前の貸借対照表は次のとおりである。

貸 借 対 照 表

A社　　　　　　　　　　×年×月×日現在　　　　　　　　（単位：円）

現　金　預　金	5,000	買　　掛　　金	5,000
売　　掛　　金	10,000	借　　入　　金	15,000
貸　倒　引　当　金	△500	退 職 給 付 引 当 金	2,000
備　　　　　品	20,000	資　　本　　金	13,000
減 価 償 却 累 計 額	△8,000	利　益　剰　余　金	8,500
特　　許　　権	3,000	その他有価証券評価差額金	2,000
投　資　有　価　証　券	12,000		
開　　発　　費	4,000		
	45,500		45,500

貸 借 対 照 表

B社　　　　　　　　　　×年×月×日現在　　　　　　　　（単位：円）

現　金　預　金	4,000	買　　掛　　金	2,000
売　　掛　　金	5,000	借　　入　　金	10,000
貸　倒　引　当　金	△200	退 職 給 付 引 当 金	800
備　　　　　品	8,000	資　　本　　金	3,000
減 価 償 却 累 計 額	△3,500	利　益　剰　余　金	4,200
特　　許　　権	1,000	その他有価証券評価差額金	1,500
投　資　有　価　証　券	6,000		
開　　発　　費	1,200		
	21,500		21,500

(7)　税効果会計は考慮しない。

■ 解答解説（単位：円）

1．交付株式数

500株（B社発行済株式総数）×0.6（合併比率）＝300株

2．合併仕訳

（借）			金額	（貸）			金額
現 金 預 金			4,000	買 掛 金			2,000
売 掛 金			5,000[※1]	借 入 金			10,000
備 品			4,000[※2]	退 職 給 付 引 当 金			1,000[※5]
特 許 権			1,500[※3]	貸 倒 引 当 金			400[※1]
投 資 有 価 証 券			6,000[※4]	資 本 金			7,500[※7]
の れ ん			400[※6]				

※1 売上債権は、債権金額で引き継ぎ、貸倒引当金を修正することで回収可能価額とする。
　　　貸倒引当金：5,000（債権金額）－4,600（回収可能価額）＝400
※2 償却性資産は、時価で計上し、減価償却累計額は引き継がない。
※3 法律上の権利等、譲渡可能な無形固定資産は時価で計上する。なお、繰延資産は時価がゼロであるため引き継がない。
※4 投資有価証券を時価で取得したと考えるため、その他有価証券評価差額金は引き継がない。
※5 退職給付債務は、未認識の差異は引き継がず、実績額で引き継ぐ。

※6 のれん：7,500（取得原価[※7]）－｜20,100（識別可能資産）－13,000（識別可能負債）｜＝400
※7 取得原価：300株（交付株式数）×＠25（A社株価）＝7,500

3．合併後個別貸借対照表

貸 借 対 照 表

A社　　　　　　　　　　×年×月×日現在

	金額		金額
現 金 預 金	9,000[※1]	買 掛 金	7,000[※1]
売 掛 金	15,000[※1]	借 入 金	25,000[※1]
貸 倒 引 当 金	△900[※1]	退 職 給 付 引 当 金	3,000[※1]
備 品	24,000[※1]	資 本 金	20,500[※1]
減 価 償 却 累 計 額	△8,000[※3]	利 益 剰 余 金	8,500[※3]
特 許 権	4,500[※1]	その他有価証券評価差額金	2,000[※3]
の れ ん	400[※2]		
投 資 有 価 証 券	18,000[※1]		
開 発 費	4,000[※3]		
	66,000		66,000

※1 A社計上額＋合併仕訳計上額
※2 合併仕訳計上額
※3 A社計上額

■ 例題5　合併④（取得原価の配分②）　　　　　　　　　　重要度 B

以下の資料に基づき、合併直後のA社の貸借対照表を作成しなさい。

(1)　A社はB社を吸収合併し、株式を交付した。なお、A社が取得企業と判定された。

(2)　発行済株式総数はA社500株、B社500株であり、合併比率はA社：B社 = 1：0.6である。

(3)　企業結合日におけるA社の株価は@50円である。

(4)　増加する払込資本の全額を資本金とする。

(5)　B社には資産計上していない仕掛中の研究開発の成果があり、その評価額は2,000円と見積もられる。なお、当該仕掛研究開発は識別可能性の要件を満たすと考えられる。

(6)　B社の所有する顧客リストは分離して譲渡可能な無形資産（評価額1,000円）であると判断されたため、識別可能資産として扱う。

(7)　B社は借入金10,000円について、金利スワップ契約を締結しており、繰延ヘッジを適用している。なお、金利スワップの時価は800円である。

(8)　A社及びB社の合併直前の貸借対照表は次のとおりである。

貸 借 対 照 表

A社　　　　　　　　　　　　×年×月×日現在　　　　　　　　　（単位：円）

諸　　資　　産	40,000	諸　　負　　債	5,000
		借　　入　　金	15,000
		資　　本　　金	13,000
		利　益　剰　余　金	7,000
	40,000		40,000

貸 借 対 照 表

B社　　　　　　　　　　　　×年×月×日現在　　　　　　　　　（単位：円）

諸　　資　　産	22,000	諸　　負　　債	2,000
金 利 ス ワ ッ プ	800	借　　入　　金	10,000
		資　　本　　金	6,000
		利　益　剰　余　金	4,000
		繰 延 ヘ ッ ジ 損 益	800
	22,800		22,800

(9)　税効果会計は考慮しない。

■ 解答解説（単位：円）||||||||||||||||||||||||||||||||||||||||||||||||||||||||||||||||||||||||

1．交付株式数

500株（B社発行済株式総数）× 0.6（合併比率）= 300株

2．合併仕訳

（借）	諸　　資　　産	22,000	（貸）	諸　　負　　債	2,000
	仕 掛 研 究 開 発	2,000[※1]		借　　入　　金	10,000
	無　形　資　産	1,000[※2]		資　　本　　金	15,000[※5]
	金 利 ス ワ ッ プ	800[※3]			
	の　　れ　　ん	1,200[※4]			

※1　研究開発は識別可能性の要件を満たす限り、企業結合日における時価に基づき資産として計上する。

※2　分離して譲渡可能な無形資産は、識別可能なものとして取り扱い、資産として計上する。

※3　デリバティブ取引から生じた正味の資産及び負債は時価で引き継ぐ。よって、繰延ヘッジ損益は引き継がない。

※4　のれん：15,000（取得原価[※5]）－｜25,800（識別可能資産）－12,000（識別可能負債）｜ ＝1,200

※5　取得原価：300株（交付株式数）×＠50（A社株価）＝15,000

3．合併後個別貸借対照表

貸 借 対 照 表

A社　　　　　　　　　　　　　　×年×月×日現在

諸　　　資　　　産	62,000[※1]	諸　　負　　債	7,000[※1]
仕 掛 研 究 開 発	2,000[※2]	借　　入　　金	25,000[※1]
無　　形　　資　　産	1,000[※2]	資　　本　　金	28,000[※1]
金 利 ス ワ ッ プ	800[※2]	利 益 剰 余 金	7,000[※3]
の　　　れ　　　ん	1,200[※2]		
	67,000		67,000

※1　A社計上額＋合併仕訳計上額

※2　合併仕訳計上額

※3　A社計上額

6 取得関連費用

取得関連費用は、**発生した事業年度の費用**として処理する。なお、取得関連費用の具体例としては、外部のアドバイザー等に支払った特定の報酬・手数料等がある。

7 債権債務の相殺

取得企業と被取得企業との間に、債権債務が存在している場合は、企業結合後直ちに相殺消去する。

■ 例題6　合併⑤（取得関連費用・債権債務の相殺）　　重要度B

以下の資料に基づき、合併直後のA社の貸借対照表を作成しなさい。

(1) A社はB社を吸収合併した。なお、A社が取得企業と判定された。

(2) 企業結合日におけるA社の株価は@900円である。

(3) 合併に伴い、A社はB社株主に対してA社株式を50株交付した。なお、増加する払込資本の全額を資本金とする。

(4) 合併に際して、外部のアドバイザーから必要な助言を得ており、報酬として3,200円を現金で支払っている。

(5) 企業結合日におけるB社の諸資産及び諸負債について簿価と時価に乖離はないものとする。

(6) A社及びB社の合併直前の貸借対照表は次のとおりである。なお、A社の売掛金には、B社に対するものが5,000円含まれている。

貸 借 対 照 表

A社　　　　　　　　　　　　×年×月×日現在　　　　　　　　　（単位：円）

現　金　預　金	150,000	買　　掛　　金	120,000
売　　　掛　　　金	200,000	資　　本　　金	100,000
		利　益　剰　余　金	130,000
	350,000		350,000

貸 借 対 照 表

B社　　　　　　　　　　　　×年×月×日現在　　　　　　　　　（単位：円）

現　金　預　金	9,000	買　　掛　　金	50,000
売　　　掛　　　金	80,000	資　　本　　金	10,000
		利　益　剰　余　金	29,000
	89,000		89,000

(7) 税効果会計は考慮しない。

■ 解答解説（単位：円）

1. 合併仕訳

（借）現　金　預　金	9,000	（貸）買　　掛　　金	50,000
売　　掛　　金	80,000	資　　本　　金	45,000※1
の　　れ　　ん	6,000※2		

※1　取得原価：50株（交付株式数）×@900（A社株価）＝45,000

※2　のれん：45,000（取得原価※1）－｜89,000（識別可能資産）－50,000（識別可能負債）｜＝6,000

2．取得関連費用の支払

| （借） | 取得関連費用(利益剰余金) | 3,200 | （貸） | 現　金　預　金 | 3,200 |

3．債権債務の相殺

| （借） | 買　　掛　　金 | 5,000 | （貸） | 売　　掛　　金 | 5,000 |

4．合併後個別貸借対照表

貸　借　対　照　表

A社　　　　　　　　　　　×年×月×日現在

現　金　預　金	155,800[※1]	買　　掛　　金	165,000[※4]
売　　掛　　金	275,000[※2]	資　　本　　金	145,000[※5]
の　　れ　　ん	6,000[※3]	利　益　剰　余　金	126,800[※6]
	436,800		436,800

※1　150,000（A社）＋9,000（合併）－3,200（取得関連費用）＝155,800

※2　200,000（A社）＋80,000（合併）－5,000（相殺）＝275,000

※3　合併仕訳計上額

※4　120,000（A社）＋50,000（合併）－5,000（相殺）＝165,000

※5　100,000（A社）＋45,000（合併）＝145,000

※6　130,000（A社）－3,200（取得関連費用）＝126,800

8 段階取得（抱合せ株式）

(1) 基本的考え方

　取得企業が被取得企業株式を企業結合日の直前において保有している場合（＝段階取得の場合），取得企業が保有している被取得企業の株式（抱合せ株式）は、取得原価を構成するが、抱合せ株式に対して、取得企業の株式は交付されない。

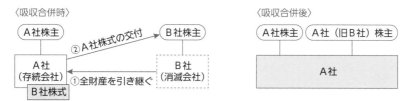

　存続会社であるA社が、合併直前にB社株式を保有していた。
　この場合、A社が保有しているB社株式は、取得原価を構成するが、当該株式についてA社株式は交付されない。

(2) 交付株式数

交付株式数 ＝（消滅会社の発行済株式総数 － 抱合せ株式数）× 合併比率

(3) 取得原価の算定

① 個別財務諸表上

　支配を獲得するに至った個々の取引ごとの原価の合計額をもって、被取得企業の取得原価とする。なお、抱合せ株式をその他有価証券として保有していた場合、抱合せ株式に係るその他有価証券評価差額金を取り消し、取得原価を当該株式の帳簿価額とする。ただし、評価損が損益計算書に既に計上されている場合には、時価評価後の価額を帳簿価額とする。

個別上の取得原価 ＝ 交付する株式の時価 ＋ 抱合せ株式の帳簿価額

② 連結財務諸表上

　支配を獲得するに至った個々の取引すべての企業結合日における時価をもって、被取得企業の取得原価とする。なお、「個別上の取得原価」と「連結上の取得原価」の差額は、「段階取得に係る損益」として処理する。

連結上の取得原価 ＝ 交付する株式の時価 ＋ 抱合せ株式の時価

■ 例題7 合併⑥（段階取得）

以下の資料に基づき、各問に答えなさい。

(1) A社はB社を吸収合併し、株式を交付した。なお、A社が取得企業と判定された。

(2) 発行済株式総数はA社100株、B社100株であり、合併比率はA社：B社＝1：0.6である。

(3) 企業結合日におけるA社の株価は＠2,000円である。

(4) 増加する払込資本のうち、1株当たり500円を資本金とし、残額は資本剰余金とする。

(5) A社はB社株式（10株、取得原価10,000円、時価12,000円）をその他有価証券として保有している。

(6) 企業結合日におけるB社の諸資産の時価は90,000円である。なお、諸負債については簿価と時価に乖離はないものとする。

(7) A社及びB社の合併直前の貸借対照表は次のとおりである。

貸 借 対 照 表

A社　　　　　　　　　　　　×年×月×日現在　　　　　　　　　　（単位：円）

諸　　資　　産	240,000	諸　　負　　債	160,000
B　社　株　式	12,000	資　　本　　金	30,000
		資　本　剰　余　金	20,000
		利　益　剰　余　金	40,000
		その他有価証券評価差額金	2,000
	252,000		252,000

貸 借 対 照 表

B社　　　　　　　　　　　　×年×月×日現在　　　　　　　　　　（単位：円）

諸　　資　　産	80,000	諸　　負　　債	20,000
		資　　本　　金	20,000
		利　益　剰　余　金	40,000
	80,000		80,000

(8) 税効果会計は考慮しない。

> 問1 合併直後のA社の個別貸借対照表を作成しなさい。
> 問2 合併直後のA社の連結貸借対照表を作成しなさい。なお、他の連結会社の影響は考慮しない。

■ 解答解説 （単位：円） ||||||||||||||||||||||||||||||||||||||||||||||||||||||||||||||||||||||||

問1

1．交付株式数

｛100株（B社発行済株式総数）－10株（抱合せ株式）｝×0.6（合併比率）＝54株

2．抱合せ株式に係るその他有価証券評価差額金の取消

（借）その他有価証券評価差額金	2,000	（貸）B　社　株　式	2,000

※　12,000（時価）－10,000（取得原価）＝2,000

3．合併仕訳

（借）	諸　　資　　産	90,000	（貸）	諸　　負　　債	20,000
	の　　れ　　ん	48,000[※1]		B　社　株　式	10,000
				資　　本　　金	27,000[※3]
				資　本　剰　余　金	81,000[※4]

※1　のれん：118,000（個別上の取得原価[※2]）－｛90,000（識別可能資産）－20,000（識別可能負債）｝＝48,000

※2　個別上の取得原価：54株（交付株式数）×@2,000（A社株価）＋10,000（抱合せ株式の帳簿価額）＝118,000

※3　資本金：54株（交付株式数）×@500＝27,000

※4　資本剰余金：118,000（個別上の取得原価[※2]）－10,000（B社株式）－27,000（資本金）＝81,000

4．合併後個別財務諸表

貸　借　対　照　表

A社　　　　　　　　　　　　　　　　×年×月×日現在

諸　　資　　産	330,000[※1]	諸　　負　　債	180,000[※1]
の　　れ　　ん	48,000[※2]	資　　本　　金	57,000[※1]
		資　本　剰　余　金	101,000[※1]
		利　益　剰　余　金	40,000[※3]
	378,000		378,000

※1　A社計上額＋合併仕訳計上額

※2　合併仕訳計上額

※3　A社計上額

問2

1．連結修正仕訳

| （借） | の れ ん | 2,000 | （貸） | 段階取得に係る差益（利益剰余金） | 2,000 |

参考 連結上あるべき仕訳を直接行う場合

1．抱合せ株式に係るその他有価証券評価差額金の取消

| （借） | その他有価証券評価差額金 | 2,000 | （貸） | B 社 株 式 | 2,000 |

2．段階取得に係る差益の計上

| （借） | B 社 株 式 | 2,000 | （貸） | 段階取得に係る差益（利益剰余金） | 2,000 |

3．合併仕訳

（借）	諸 資 産	90,000	（貸）	諸 負 債	20,000
	の れ ん	50,000 ※2		B 社 株 式	12,000 ※1
				資 本 金	27,000
				資 本 剰 余 金	81,000

※1　B社株式：抱合せ株式の時価

※2　のれん：120,000（連結上の取得原価※3）－｛90,000（識別可能資産）－20,000（識別可能負債）｝＝50,000

※3　連結上の取得原価：54株（交付株式数）×@2,000（A社株価）＋12,000（抱合せ株式の時価）＝120,000

2．合併後連結貸借対照表

連 結 貸 借 対 照 表

A社　　　　　　　　　　　　　×年×月×日現在

諸 資 産	330,000	諸 負 債	180,000
の れ ん	50,000 ※1	資 本 金	57,000
		資 本 剰 余 金	101,000
		利 益 剰 余 金	42,000 ※2
	380,000		380,000

※1　120,000（連結上の取得原価）－｛90,000（識別可能資産）－20,000（識別可能負債）｝＝50,000

※2　40,000（A社計上額）＋2,000（段階差益）＝42,000

第3節　独立企業間の企業結合：株式交換

1　意義

　株式交換とは、完全子会社となる会社の株主の有するその会社の株式がすべて完全親会社に移転し、完全子会社となる会社の株主に完全親会社となる会社の株式が割り当てられることにより、**完全親子会社関係が創設される**制度である。

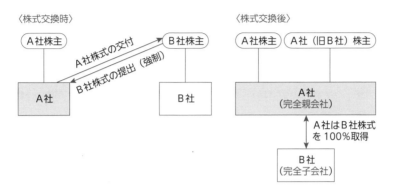

2　株式交換比率

(1)　意義

　株式交換比率とは、株式交換完全子会社となる会社の株式に対する株式交換完全親会社の株式の割当比率をいう。

(2)　株式交換比率の算定式

$$株式交換比率 = \frac{完全子会社の1株の株式評価額}{完全親会社の1株の株式評価額}$$

(3)　企業評価方法

　合併の場合と同様である。

3 個別上の処理

(1) 取得原価の算定

完全親会社が受け取った子会社株式の取得原価は、取得の対価となる財の時価をもって算定する。なお、取得の対価は通常、完全親会社が**完全子会社の株主に交付した完全親会社株式の時価**をもって算定する。

取得原価 ＝ 完全子会社の発行済株式総数 × 株式交換比率 × 完全親会社株式の時価

※1　新株を発行した場合、払込資本（資本金・資本剰余金）を計上する。なお、増加する払込資本の内訳は任意である。

※2　自己株式を処分した場合（自己株式の処分と新株の発行を同時に行った場合を含む）、取得原価から処分した自己株式の帳簿価額を控除した額を、払込資本の増加として処理する。

(2) 段階取得

株式交換以前に完全親会社が、完全子会社の株式を保有している場合（＝段階取得の場合）、完全親会社が保有している完全子会社株式（抱合せ株式）は、取得原価を構成するが、抱合せ株式に対して完全親会社の株式は交付されない。

① 交付株式数

交付株式数 ＝（完全子会社の発行済株式総数 － 抱合せ株式数）× 株式交換比率

② 保有目的の変更

抱合せ株式をその他有価証券として保有していた場合、抱合せ株式に係るその他有価証券評価差額金を取り消し、当該株式の帳簿価額を子会社株式に振り替える（＝その他有価証券から子会社株式への保有目的の変更を行う）。ただし、評価損が損益計算書に既に計上されている場合には、時価評価後の価額を帳簿価額とする。

4 連結上の処理

株式交換完全親会社の投資と、株式交換完全子会社の資本を相殺消去し、消去差額を「のれん」又は「負ののれん発生益」として処理する。

なお、段階取得の場合は、**支配獲得日の時価**と支配獲得するに至った**個々の取引ごとの原価の合計額**との差額を「段階取得に係る損益」として処理する。

■ 例題8　株式交換①（個別上の処理）　　　　　　　　　　　重要度 A

以下の資料に基づき、各問における株式交換時の仕訳を示しなさい。

⑴　A社はB社を完全子会社にするため、株式交換を実施し、株式を交付した。なお、A社が取得企業と判定された。

⑵　B社の発行済株式総数は1,000株であり、株式交換比率はA社：B社＝1：0.8である。

⑶　株式交換日のA社の株価は@125円である。

⑷　増加する払込資本のうち、1株当たり50円を資本金とし、残額は資本剰余金とする。

⑸　税効果会計は考慮しない。

問1　すべて新株を発行した場合
問2　A社が保有している自己株式80株（帳簿価額8,000円）を処分した場合
問3　A社がB社株式100株（取得原価8,000円、時価10,000円）をその他有価証券として保有していた場合

■ 解答解説（単位：円）

問1

1．交付株式数

1,000株（B社発行済株式総数）×0.8（交換比率）＝800株

2．株式交換

（借）子 会 社 株 式	100,000※1	（貸）資　　本　　金	40,000※2
		資 本 剰 余 金	60,000※3

※1　子会社株式（取得原価）：800株（交付株式数）×@125（A社株価）＝100,000
※2　資本金：800株（交付株式数）×@50＝40,000
※3　資本剰余金：100,000（取得原価※1）－40,000（資本金）＝60,000

問2

1．交付株式数

1,000株（B社発行済株式総数）×0.8（交換比率）＝800株

2．株式交換

（借）子 会 社 株 式	100,000※1	（貸）自　己　株　式	8,000
		資　　本　　金	36,000※2
		資 本 剰 余 金	56,000※4

※1　子会社株式（取得原価）：800株（交付株式数）×@125（A社株価）＝100,000
※2　資本金：720株（新株発行数※3）×@50＝36,000
※3　新株発行数：800株（交付株式数）－80株（自己株式処分数）＝720株
※4　資本剰余金：100,000（取得原価※1）－8,000（自己株式帳簿価額）－36,000（資本金）＝56,000

問3

1．交付株式数

{1,000株（B社発行済株式総数）－100株（抱合せ株式）}×0.8（交換比率）＝720株

2．株式交換

（借）子 会 社 株 式	90,000^{※1}	（貸）資　　　本　　　金	36,000^{※2}
		資 本 剰 余 金	54,000^{※3}
（借）その他有価証券評価差額金	2,000	（貸）投 資 有 価 証 券	10,000^{※4}
子 会 社 株 式	8,000		

> ※1　子会社株式（取得原価）：720株（交付株式数）×@125（A社株価）＝90,000
> ※2　資本金：720株（交付株式数）×@50＝36,000
> ※3　資本剰余金：90,000（取得原価^{※1}）－36,000（資本金）＝54,000
> ※4　株式交換に伴い、B社が完全子会社となるため、抱合せ株式について保有目的の変更を行う。

■ 例題9　株式交換②（連結上の処理）　　　重要度 A

以下の資料に基づき、株式交換直後のP社の連結貸借対照表を作成しなさい。

(1)　P社はS社を完全子会社にするため、×3年4月1日に株式交換を実施し、株式を交付した。なお、P社が取得企業と判定された。

(2)　発行済株式総数はP社2,000株、S社1,000株であり、株式交換比率はP社：S社＝1：0.8である。

(3)　株式交換日のP社株価は@250円である。

(4)　増加する払込資本の全額を資本金とする。

(5)　P社は株式交換以前に、S社株式100株（取得原価15,000円、時価20,000円）で取得し、その他有価証券として保有している。

(6)　株式交換直前におけるS社の諸資産の時価は200,000円である。なお、諸負債については簿価と時価に乖離はないものとする。

(7)　株式交換直前（×3年3月31日）のP社及びS社の貸借対照表は次のとおりである。

貸 借 対 照 表
×3年3月31日現在　　　　　　　　（単位：円）

	P 社	S 社		P 社	S 社
諸 資 産	560,000	190,000	諸 負 債	280,000	120,000
投 資 有 価 証 券	150,000	100,000	資 本 金	300,000	100,000
			利 益 剰 余 金	100,000	50,000
			その他有価証券評価差額金	30,000	20,000
	710,000	290,000		710,000	290,000

(8)　税効果会計は考慮しない。

■ 解答解説（単位：円）||||||||||||||||||||||||||||||||||||||||||||||||||||||||||||||||||||||||||||||||||||||||

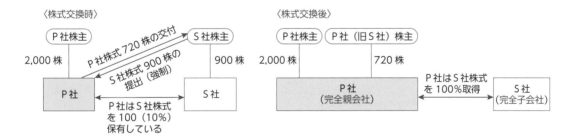

1．個別上の処理

(1)　交付株式数

$\{1,000$株（S社発行済株式総数）-100株（抱合せ株式）$\}\times0.8$（交換比率）$=720$株

(2)　個別上の処理

（借）子 会 社 株 式	180,000※	（貸）資 本 金	180,000※2
（借）その他有価証券評価差額金	5,000	（貸）投 資 有 価 証 券	20,000※4
子 会 社 株 式	15,000		

※　子会社株式（取得原価）：720株（交付株式数）×@250（P社株価）＝180,000

(3) 株式交換後のP社及びS社の個別貸借対照表

貸 借 対 照 表
×3年4月1日現在

	P 社	S 社		P 社	S 社
諸 資 産	560,000	190,000	諸 負 債	280,000	120,000
投 資 有 価 証 券	130,000	100,000	資 本 金	480,000	100,000
子 会 社 株 式	195,000	−	利 益 剰 余 金	100,000	50,000
			その他有価証券評価差額金	25,000	20,000
	885,000	290,000		885,000	290,000

2．連結上の処理

(1) タイム・テーブル

$$+100\%（※1）$$

×3.4

資 本 金	100,000
利 益 剰 余 金	50,000
その他有価証券評価差額金	20,000
評 価 差 額	10,000
合 計	180,000 非0
P 社 持 分	180,000
取 得 原 価	195,000（※2） 支配獲得日時価
段階取得に係る差益	5,000（※4） 200,000（※3）
の れ ん	20,000

※1 取得割合：10%（抱合せ株式）＋90%（株式交換による取得）＝100%

※2 取得原価合計：15,000（10%分取得原価）＋180,000（90%分取得原価）＝195,000

※3 支配獲得日時価：180,000（90%分取得原価）÷90%（X3.4取得）×100%（X3.4 P社持分）＝200,000

※4 段階取得に係る差益：200,000（支配獲得日時価※3）－195,000（取得原価合計※2）＝5,000

(2) 評価差額の計上

（借）諸 資 産	10,000	（貸）評 価 差 額	10,000

(3) 連結修正仕訳

① 段階取得に係る差益の計上

（借）子 会 社 株 式	5,000	（貸）段階取得に係る差益（利益剰余金）	5,000

※ 180,000（90%分取得原価）÷90%×100%－195,000（取得原価合計）＝5,000

② 投資と資本の相殺消去

（借）資 本 金	100,000	（貸）子 会 社 株 式	200,000
利 益 剰 余 金	50,000		
その他有価証券評価差額金	20,000		
評 価 差 額	10,000		
の れ ん	20,000※		

※ のれん：200,000（子会社株式）－180,000（X3.4資本合計）×100%（P社比率）＝20,000

⑷　株式交換後連結財務諸表

連 結 貸 借 対 照 表

P社　　　　　　　　　　　　×３年４月１日現在

諸　　資　　産	760,000※1	諸　　負　　債	400,000
の　れ　ん	20,000	資　　本　　金	480,000
投 資 有 価 証 券	230,000	利 益 剰 余 金	105,000※2
		その他有価証券評価差額金	25,000
	1,010,000		1,010,000

※1　560,000（P社）＋190,000（S社）＋10,000（評価差額）＝760,000

※2　100,000（P社）＋5,000（段階差益）＝105,000

第4節　独立企業間の企業結合：株式移転

1　意義

　　株式移転とは、完全子会社となる会社の株主の有するその会社の株式をすべて新設する完全親会社に移転し、完全子会社となる会社の株主に完全親会社となる会社の株式が割り当てられることにより、完全親子会社関係が創設される制度をいう。

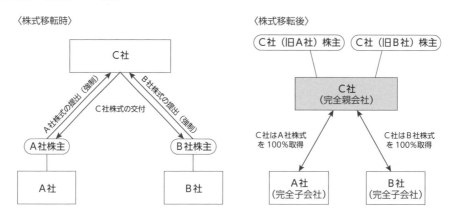

2　株式移転比率

　　株式移転比率とは、株式移転に際して、完全親会社が各完全子会社に対して発行する株式数を算定する際に用いる比率をいう。

3　交付株式数の算定

交付株式数 ＝ 各完全子会社の発行済株式総数 × 株式移転比率

4　個別上の処理

(1)　基本的考え方

　　株式移転は、取得企業となる完全子会社が、被取得企業となる完全子会社を間接的に取得することになる。よって、株式移転の完全子会社のうち、「取得側の完全子会社」と「被取得側の完全子会社」を区別して会計処理を行う。

(2)　取得原価の算定

①　取得側の子会社株式

　　取得側の完全子会社に係る子会社株式の取得原価は、株式移転直前における完全子会社（取得企業）の適正な帳簿価額による株主資本に基づいて算定する。

> 取得原価 ＝ 完全子会社の株主資本（帳簿価額）

②　被取得側の子会社株式

　　被取得側の完全子会社に係る子会社株式の取得原価は、取得の対価となる財の時価に基づいて算定する。なお、株式移転直前において、株式移転完全親会社は存在していないため、株式移転完全親会社の株価は存在しない。よって、取得側の完全子会社が対価となる株式を発行したとみなし、当該会社の株価に基づいて取得原価を算定する。

> 取得原価 ＝ 交付株式数 × 取得企業株式の時価

(3)　増加資本の会計処理

　　払込資本（資本金・資本剰余金）の増加額は、各完全子会社株式の取得原価の合計額に基づいて決定される。なお、払込資本の増加額の内訳は、任意である。

5 連結上の処理

(1) 資本連結

株式移転完全親会社の資本連結手続は、以下の①及び②に分けて行う。

① **取得側の完全子会社に係る会計処理**

取得側の子会社株式の取得原価を株式移転完全親会社の投資とし、**取得側の完全子会社の株主資本と相殺消去する**。なお、両者はいずれも取得側の子会社の適正な帳簿価額を基礎とした金額のため、消去差額は生じない。

② **被取得側の完全子会社に係る会計処理**

被取得側の子会社株式の取得原価を株式移転完全親会社の投資とし、**被取得側の完全子会社の識別可能資産及び負債の時価の差額を被取得側の子会社の資本**として、両者を相殺消去し、消去差額を 「**のれん**」又は「**負ののれん発生益**」として処理する。

(2) 完全子会社（取得側）の利益剰余金の引継ぎ

連結財務諸表上、**株式移転完全親会社は取得側の完全子会社の利益剰余金を引継ぐ**。これは、合併では取得企業の利益剰余金は企業結合前後によって変化しないため、株式移転においても、その整合性を図るためである。

ただし、**連結財務諸表上の資本金は株式移転完全親会社の資本金としなければならない**。

〔連結貸借対照表に計上される純資産項目〕
　　　資本金：完全親会社の資本金
　　　資本剰余金：差額
　　　利益剰余金：完全子会社（取得側）の利益剰余金

■ 例題10 株式移転 重要度 B

以下の資料に基づき、各問に答えなさい。

(1) A社とB社は、完全親会社（持株会社）となるC社を設立するために株式移転を実施した。なお、A社が取得企業と判定された。

(2) 発行済株式総数はA社1,000株、B社1,000株であり、移転比率はA社：B社＝1：0.8である。

(3) 企業結合日におけるA社の株価は＠100円である。

(4) C社の増加する払込資本のうち、1株当たり50円を資本金とし、残額は資本剰余金とする。

(5) 株式移転日における諸資産の時価はA社250,000円、B社156,000円であった。

(6) A社及びB社の株式移転直前の貸借対照表は次のとおりである。

貸 借 対 照 表

A社　　　　　　　　　　×年×月×日現在　　　　　　　　（単位：円）

諸　　資　　産	230,000	諸　　負　　債	124,000
		資　　本　　金	60,000
		利　益　剰　余　金	46,000
	230,000		230,000

貸 借 対 照 表

B社　　　　　　　　　　×年×月×日現在　　　　　　　　（単位：円）

諸　　資　　産	151,000	諸　　負　　債	90,000
		資　　本　　金	40,000
		利　益　剰　余　金	21,000
	151,000		151,000

(7) 税効果会計は考慮しない。

問1 A社とB社を完全子会社とする場合の株式移転直後のC社個別貸借対照表を作成しなさい。

問2 株式移転直後のC社の連結貸借対照表を作成しなさい。

■ 解答解説（単位：円）

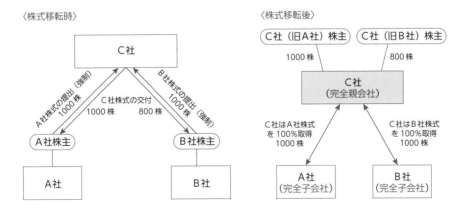

〈株式移転時〉

〈株式移転後〉

問1 個別上の処理

1．交付株式数

A社株主：1,000株（A社発行済株式総数）×1（移転比率）＝1,000株

B社株主：1,000株（B社発行済株式総数）×0.8（移転比率）＝800株

2．個別上の処理

（借）子 会 社 株 式	186,000※1	（貸）資 本 金	90,000※2
		資 本 剰 余 金	96,000※3

※1 子会社株式：106,000（A社株主資本合計）＋800株（B社株主への交付株式数）×@100（A社株価）＝186,000

※2 資本金：｜1,000株（A社株主への交付株式数）＋800株（B社株主への交付株式数）｜×@50＝90,000

※3 資本剰余金：96,000（差額）

3．株式移転後個別貸借対照表

貸 借 対 照 表

C社　　　　　　　　　　×年×月×日現在

子 会 社 株 式	186,000	資 本 金	90,000
		資 本 剰 余 金	96,000
	186,000		186,000

問2 連結上の処理

1．タイム・テーブル

	+100%
資 本 金	40,000
利 益 剰 余 金	21,000
評 価 差 額	5,000
合 計	66,000　非0
A 社 持 分	66,000
取 得 原 価	80,000(*)
の れ ん	14,000

※ 取得原価：800株（B社株主への交付株式数）×@100（A社株価）＝80,000

2．A社に係る連結上の処理

(1) 投資と資本の相殺消去

（借）資 本 金	60,000※2	（貸）子 会 社 株 式	106,000※1
利 益 剰 余 金	46,000※2		

※1 子会社株式：106,000（A社株主資本合計）

※2 株主資本項目：A社個別貸借対照表上の金額

(2) 利益剰余金の引き継ぎ

（借）資 本 剰 余 金	46,000	（貸）利 益 剰 余 金	46,000

3．B社に係る連結上の処理

(1)　評価差額の計上

（借）	諸　　資　　産	5,000	（貸）	評　価　差　額	5,000

　　　※　156,000（B社諸資産時価）－151,000（B社諸資産簿価）＝5,000

(2)　投資と資本の相殺消去

（借）	資　　本　　金	40,000[※2]	（貸）	子　会　社　株　式	80,000[※1]
	利　益　剰　余　金	21,000[※2]			
	評　価　差　額	5,000			
	の　　れ　　ん	14,000[※3]			

　※1　子会社株式：800株（B社株主への交付株式数）×@100（A社株価）＝80,000
　※2　資本金、利益剰余金：B社個別貸借対照表上の金額
　※3　のれん：14,000（差額）

4．株式移転後連結貸借対照表

連　結　貸　借　対　照　表

C社　　　　　　　　　　　　　　　×年×月×日現在

諸　　資　　産	386,000[※1]	諸　　負　　債	214,000[※2]
の　　れ　　ん	14,000	資　　本　　金	90,000[※3]
		資　本　剰　余　金	50,000[※4]
		利　益　剰　余　金	46,000[※5]
	400,000		400,000

　※1　230,000（A社）＋151,000（B社）＋5,000（評価差額）＝386,000
　※2　124,000（A社）＋90,000（B社）＝214,000
　※3　C社計上額
　※4　差額
　※5　A社計上額

第5節　共通支配下の取引

1　意義

　　共通支配下の取引とは、親会社と子会社との合併や親会社の支配下にある子会社同士の合併など、結合当事企業（又は事業）のすべてが、企業結合の前後で同一の企業により最終的に支配され、かつ、その支配が一時的ではない場合の企業結合をいう。

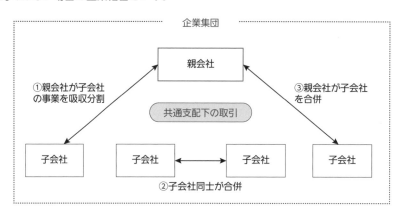

2　特有の会計処理

　　共通支配下の取引は、企業集団内部における組織再編活動である。このとき、当該企業再編に係る取引は企業集団内部における内部取引であり、基本的に連結財務諸表には影響しない取引である。そのため、個別財務諸表への影響も独立企業間の企業結合とは区別されるべきである。

　　以上より、共通支配下の取引には、独立企業間の企業結合で採用される取得の会計処理（パーチェス法）とは別にそれ特有の会計処理が採用される。

3 親会社と子会社の合併

(1) 意義

親会社が子会社を吸収合併する場合、子会社の資産・負債をすべて引き継ぎ、子会社の非支配株主に対して、親会社株式を発行する。

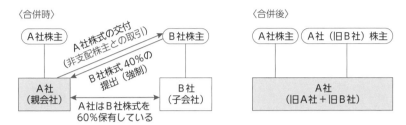

(2) 個別上の処理

子会社から受け入れる資産及び負債は、**合併直前の適正な帳簿価額**により計上する。ただし、連結財務諸表において、子会社の資産及び負債の帳簿価額を修正している場合は、連結上の金額である修正後の帳簿価額（のれんも含む）により計上する。

つまり、子会社の資産及び負債を評価差額計上後の金額で引き継ぎ、のれんを未償却残高で引き継ぐ。

(3) 連結上の処理

個別財務諸表上で認識した抱合せ株式消滅差損益は、**取得後剰余金に相当する金額**であるため、連結財務諸表上は、過年度に認識した損益と考えられることから、**利益剰余金に振り替える。**

（借）抱合せ株式消滅差益	×××	（貸）利 益 剰 余 金	×××

■ 例題11　共通支配下の取引

重要度 B

以下の資料に基づき、合併直後のP社個別貸借対照表を作成しなさい。

(1)　P社は×2年3月31日にS社株式を2,500千円で取得し、S社を100%子会社とした。

(2)　×2年3月31日におけるS社の資本は、資本金1,000千円、利益剰余金500千円であった。

(3)　S社の土地（帳簿価額1,200千円）の時価は次のとおりである。なお、S社において土地の追加取得及び売却は行われていない。

　　　×2年3月31日：1,700千円　　×3年3月31日：1,800千円

(4)　×3年3月期のS社の当期純利益は1,000千円であった。

(5)　×3年4月1日に、P社を存続会社、S社を消滅会社とする吸収合併を実施した。

(6)　合併直前のP社及びS社の貸借対照表は次のとおりである。

貸借対照表
×3年3月31日現在　　　　　　　　　　（単位：千円）

	P　社	S　社		P　社	S　社
諸　　資　　産	7,500	2,800	諸　　負　　債	4,000	1,500
土　　　　　地	2,000	1,200	資　　本　　金	5,000	1,000
子 会 社 株 式	2,500	－	利 益 剰 余 金	3,000	1,500
	12,000	4,000		12,000	4,000

(7)　のれんは発生年度の翌期から10年間にわたり定額法により償却する。

(8)　税効果会計は考慮しない。

■ 解答解説 （単位：千円）

1. タイム・テーブル

2．合併以前の連結上の処理

(1) 評価差額の計上

（借）土 地	500	（貸）評 価 差 額	500

※ 1,700（X2.3時価）－1,200（簿価）＝500

(2) 連結修正仕訳

① 投資と資本の相殺消去

（借）資 本 金 – 当期首残高	1,000	（貸）子 会 社 株 式	2,500
利益剰余金 – 当期首残高	500		
評 価 差 額	500		
の れ ん	500※		

※ のれん：2,500（子会社株式）－2,000（X2.3資本合計）×100%（P社比率）＝500

② のれんの償却

（借）の れ ん 償 却 額	50	（貸）の れ ん	50

※ 500（のれん計上額）÷10年（償却年数）＝50

3．個別財務諸表上の合併仕訳（共通支配下の取引：親会社持分相当額100%）

（借）諸 資 産	2,800※1	（貸）諸 負 債	1,500※1
土 地	1,700※1	子 会 社 株 式	2,500
の れ ん	450※1	抱合せ株式消滅差益（利益剰余金）	950※2

※1 子会社から受け入れる資産及び負債（のれんも含む）は連結上の帳簿価額に基づいて計上する。
　　諸資産：2,800
　　諸負債：1,500
　　土地：1,200＋500（評価差額）＝1,700
　　のれん：450（未償却残高）
※2 抱合せ株式消滅差益：1,000（取得後剰余金）－50（のれん償却額）＝950
　※ 子会社から受け入れる資産及び負債（のれんも含む）の親会社持分相当額と合併直前に保有していた子会社株式（抱合せ株式）
　　との差額を特別損益に計上する。

4．合併後個別貸借対照表

貸 借 対 照 表

P社　　　　　　　　　　×3年4月1日現在

諸 資 産	10,300	諸 負 債	5,500
土 地	3,700	資 本 金	5,000
の れ ん	450	利 益 剰 余 金	3,950
	14,450		14,450

5．連結修正仕訳

（借）抱合せ株式消滅差益（利益剰余金）	950	（貸）利益剰余金 – 当期首残高	950

※ 抱合せ株式消滅差益は、連結上、過年度に認識された損益であるため、連結修正仕訳により、利益剰余金当期首残高に振り替える。

個別上

P社個別貸借対照表		S社個別貸借対照表	
諸資産	諸負債	諸資産	諸負債
7,500	4,000	2,800	1,500
土地	資本金	土地	資本金
2,000	5,000	1,200	1,000
子会社株式	利益剰余金		利益剰余金
2,500	3,000		1,500

連結上

評価差額の計上

(借)土地　　　　500　(貸)評価差額　　　500

個別貸借対照表の合算

諸資産	諸負債
10,300	5,500
土地	資本金
3,700	6,000
子会社株式	利益剰余金
2,500	4,500
	評価差額
	500

連結修正仕訳

(借)資本金　　　1,000　(貸)子会社株式 2,500
　　利益剰余金　500
　　評価差額　　500
　　のれん　　　500

(借)のれん償却額 50 (貸)のれん　　　　50

P社連結貸借対照表

諸資産	諸負債
10,300	5,500
土地	資本金
3,700	5,000
のれん	利益剰余金
450	3,950

個別上

P社個別貸借対照表		S社個別貸借対照表	
諸資産	諸負債	諸資産	諸負債
7,500	4,000	2,800	1,500
土地	資本金	土地	資本金
2,000	5,000	1,200	1,000
子会社株式	利益剰余金		利益剰余金
2,500	3,000		1,500

個別上の仕訳

(借)諸資産　　2,800　(貸)諸負債　　　　1,500
　　土地　　　1,700　　　子会社株式 2,500
　　のれん　　　450　　　利益剰余金　950

合併後P社個別貸借対照表

諸資産	諸負債
10,300	5,500
土地	資本金
3,700	5,000
のれん	利益剰余金
450	3,950

両者は基本的に同一となる

第6節　逆取得

1　意義

　逆取得とは、株式を交付した会社が取得企業にならない場合をいう。具体的には、吸収合併等において、存続会社が議決権のある株式を交付するものの、消滅会社の株主が合併後、存続会社の議決権総数の過半数を保持又は受け取る結果等、消滅会社が取得企業に該当し、存続会社が被取得企業に該当する場合をいう。

具体例　逆取得

① 　A社はB社を吸収合併した。

② 　A社及びB社の発行済株式総数はいずれも100株である。

③ 　合併に際し、A社はB社株主に対してA社株式を発行した。なお、B社株式1株に対し、A社株式5株を発行したものとする（合併比率＝1：5）。

　ここで、法律上の存続会社は議決権のある株式をB社に発行したA社である。しかし、合併後A社の株主構成を見てみると、旧A社株主は議決権総数の約17％、旧B社株主は議決権総数の約83％を握るため、A社は存続会社でありながら「被取得企業」に該当し、B社は消滅会社でありながら「取得企業」に該当する。

2　基本的な考え方

　逆取得となる吸収合併の場合、存続会社の個別財務諸表において取得の効果を反映させようとすると、被取得企業たる存続会社の資産・負債は時価で評価替えし、取得企業たる消滅会社の資産・負債は簿価で引き継ぐことになるが、現行制度において、会社法等の制約により個別上は存続会社の資産・負債を時価評価するのは認められていない。よって、個別財務諸表においては、取得企業（消滅会社）及び被取得企業（存続会社）ともに資産・負債を簿価で引き継ぐ。

　一方、連結財務諸表においては、別段の規定はおかれていないことから、経済的実態を反映させるように、取得企業（消滅会社）の資産・負債は簿価で引き継ぎ、被取得企業（存続会社）の資産・負債は時価で引き継ぐ。

個別財務諸表	資産及び負債を適正な帳簿価額で引継ぐ	取得企業（消滅会社）　　：帳簿価額 被取得企業（存続会社）：帳簿価額
連結財務諸表	消滅会社が存続会社を取得したとしてパーチェス法を適用	取得企業（消滅会社）　　：帳簿価額 被取得企業（存続会社）：時価

3 逆取得となる吸収合併

(1) 個別上の処理

① 資産及び負債の会計処理

消滅会社（取得企業）の資産及び負債を合併直前の適正な**帳簿価額**により計上する。

② 株主資本及び株主資本以外の項目の会計処理

項目	会計処理	
株主資本	原則	消滅会社（取得企業）の合併直前の適正な帳簿価額による**株主資本を払込資本（資本金・資本剰余金）として計上する**（払込資本の内訳は任意）。
	容認	合併の対価として、存続会社（被取得企業）が新株のみを発行している場合には、**消滅会社の株主資本の内訳科目（資本金、資本剰余金、利益剰余金）をそのまま引き継ぐことができる。**
株主資本以外の項目	株主資本以外の項目である評価・換算差額等及び新株予約権は合併直前の適正な帳簿価額をそのまま計上する。	

(2) 連結上の処理

消滅会社を取得企業としてパーチェス法を適用する。つまり、消滅会社（取得企業）が存続会社（被取得企業）を合併したとみなして、消滅会社（取得企業）の合併直前の連結財務諸表の金額に、合併の処理を直接加味することにより連結財務諸表を作成する。

① 取得原価の算定

取得原価は、取得の対価となる財の**時価**に基づいて算定する。ここで、取得の対価となる財の時価は、存続会社（被取得企業）の株主が合併後の会社に対する実際の議決権比率と同じ比率を保有するのに必要な数の消滅会社（取得企業）の株式を、**消滅会社が交付したものとみなして算定する。**

> 取得の対価 ＝ みなし交付株式数 × 消滅会社の株価

② 取得原価の配分

存続会社（被取得企業）から取得した資産及び引き受けた負債は、すべて**時価**で引き継ぎ、資産及び負債と取得原価（増加資本）との差額を「**のれん**」又は「**負ののれん発生益**」として処理する。

③ 増加資本の会計処理

増加資本は、払込資本とする（内訳は任意）。ただし、**連結財務諸表上の資本金はあくまで存続会社（被取得会社）の資本金でなければならない**ため、存続会社（被取得企業）の資本金と消滅会社（取得企業）の資本金との差額について資本金又は資本剰余金に振り替える。

■ 例題12　逆取得①（吸収合併）　重要度C

以下の資料に基づき、各問に答えなさい。

(1)　A社はB社を吸収合併し、株式を交付した。なお、B社が取得企業と判定された。

(2)　発行済株式総数はA社100株、B社60株であり、合併比率は、A社：B社＝1：2.5である。

(3)　企業結合日におけるB社の株価は＠40円であった。

(4)　A社は、払込資本の増加額を資本剰余金とする。

(5)　企業結合日におけるA社の諸資産の時価は1,300円、B社の諸資産の時価は2,500円である。

(6)　A社及びB社の合併直前の貸借対照表は次のとおりである。

貸 借 対 照 表

A社　　　　　　　　　　　　×年×月×日現在　　　　　　　　　（単位：円）

諸　　資　　産	1,100	資　　　本　　　金	300
		資　本　剰　余　金	200
		利　益　剰　余　金	600
	1,100		1,100

貸 借 対 照 表

B社　　　　　　　　　　　　×年×月×日現在　　　　　　　　　（単位：円）

諸　　資　　産	2,000	資　　　本　　　金	600
		資　本　剰　余　金	100
		利　益　剰　余　金	1,300
	2,000		2,000

(7)　税効果会計は考慮しない。

問1　A社の合併後個別貸借対照表を作成しなさい。

問2　A社の合併後連結貸借対照表を作成しなさい。

問1

1．A社の合併仕訳

（借）諸　　資　　産	2,000[※1]	（貸）資　本　剰　余　金	2,000[※2]

※1　諸資産：2,000（B社諸資産帳簿価額）
※2　資本剰余金：2,000（B社株主資本合計）

2．合併後個別貸借対照表

貸　借　対　照　表

A社　　　　　　　　　　　　　　×年×月×日現在

諸　　　資　　　産	3,100[※1]	資　　　　　本　　　　　金	300[※2]
		資　本　剰　余　金	2,200[※1]
		利　益　剰　余　金	600[※2]
	3,100		3,100

※1　A社計上額＋合併仕訳計上額
※2　A社計上額

参考　容認規定

1．合併仕訳
消滅会社の株主資本の内訳をそのまま引き継ぐことができる。

（借）諸　　資　　産	2,000	（貸）資　　　　　本　　　　　金	600
		資　本　剰　余　金	100
		利　益　剰　余　金	1,300

2．合併後個別貸借対照表

貸　借　対　照　表

A社　　　　　　　　　　　　　　×年×月×日現在

諸　　　資　　　産	3,100[※]	資　　　　　本　　　　　金	900[※]
		資　本　剰　余　金	300[※]
		利　益　剰　余　金	1,900[※]
	3,100		3,100

※　A社計上額＋合併仕訳計上額

問2

　連結貸借対照表の作成に当たっては、個別上の合併仕訳を無視して、連結貸借対照表上、本来あるべき会計処理を直接行った方が効率的に解答できる。具体的には、合併前の個別財務諸表に対して、B社（消滅会社）がA社（存続会社）を取得したとみなして、合併の処理を行う。

1．取得原価の算定

(1) 合併比率

　　「A社：B社 = 1：2.5」　→　「A社：B社 = 0.4：1」　→　「B社：A社 = 1：0.4」

(2) みなし交付株式数

　　100株（A社発行済株式総数）×0.4（合併比率）＝ 40株

(3) 取得原価

　　40株（みなし交付株式数）×@40（B社株価）＝ 1,600

2．B社のA社に対するパーチェス法の適用

(借) 諸　　資　　産	1,300[※1]	(貸) 資　本　剰　余　金	1,600[※2]
の　　れ　　ん	300[※3]		

※1　諸資産：1,300（A社諸資産時価）
※2　資本剰余金：1,600（取得原価）
※3　のれん：300（差額）

　仮にここまでの処理で、連結貸借対照表を作成した場合、以下のようになる。

連 結 貸 借 対 照 表

A社　　　　　　　　　　　　　×年×月×日現在

諸　　資　　産	3,300[※1]	資　　本　　金	600[※2]
の　　れ　　ん	300[※3]	資　本　剰　余　金	1,700[※1]
		利　益　剰　余　金	1,300[※2]
	3,600		3,600

※1　B社計上額＋仕訳計上額
※2　B社計上額
※3　仕訳計上額

3．資本金の修正

　連結貸借対照表上の資本金は存続会社（A社）の資本金とするため、B社の資本金300とA社の資本金600の差額300を資本剰余金に振り替える。

(借) 資　　本　　金	300	(貸) 資　本　剰　余　金	300

※　300（A社資本金）－600（B社資本金）＝△300

4．合併後連結貸借対照表

連 結 貸 借 対 照 表

A社　　　　　　　　×年×月×日現在

諸　　資　　産	3,300	資　　　本　　　金	300※1
の　　れ　　ん	300	資　本　剰　余　金	2,000※2
		利　益　剰　余　金	1,300
	3,600		3,600

※1　300（A社資本金）

※2　1,600（仕訳計上額）＋300（振替）＝1,900

参考 個別上の処理に連結修正仕訳を行う場合

A社の合併後個別財務諸表に以下の連結修正仕訳等を加味することで合併後連結財務諸表を作成することができる。

1．評価差額の計上

（借）	諸　　資　　産	200	（貸）	評　価　差　額	200

2．連結修正仕訳

(1) 投資と資本の相殺消去

（借）	資　　　本　　　金	300	（貸）	資　本　剰　余　金	1,600
	資　本　剰　余　金	200			
	利　益　剰　余　金	600			
	評　価　差　額	200			
	の　　れ　　ん	300			

(2) 資本項目の修正

（借）	資　本　剰　余　金	1,600	（貸）	資　　　本　　　金	300
				利　益　剰　余　金	1,300

4　逆取得となる株式交換

(1)　個別上の処理（取得原価の算定）

　　完全親会社が受け取った子会社株式の取得原価は、株式交換の前日における完全子会社の適正な帳簿価額による**株主資本**の額に基づいて算定する。

取得原価 ＝ 完全子会社の株主資本（帳簿価額）

※　新株を発行した場合、払込資本（資本金・資本剰余金）を計上する。なお、増加する払込資本の内訳は任意である。

(2)　連結上の処理

　　株式交換完全子会社を取得企業、株式交換完全親会社を被取得企業としてパーチェス法を適用する。つまり、株式交換完全子会社の連結財務諸表の金額に、株式交換の処理を直接加味することにより連結財務諸表を作成する。

① 取得原価の算定

　　株式交換完全親会社（被取得企業）の株主が株式交換後の会社に対する実際の議決権比率と同じ比率を保有するのに必要な数の株式交換完全子会社（取得企業）の株式を、株式交換完全子会社が交付したものとみなして算定する。

② 取得原価の配分

　　株式交換完全親会社（被取得企業）から取得した資産及び引き受けた負債を、すべて時価で引き継ぎ、資産及び負債と取得原価（増加資本）との差額を「のれん」又は「負ののれん発生益」として処理する。

③ 連結財務諸表の作成

　　株式交換完全子会社（取得企業）の株式交換日の前日における連結財務諸表上の金額（連結財務諸表を作成していない場合には、個別財務諸表上の金額）に①及び②で算定された増加資本の金額を加算する。

　　ただし、連結財務諸表上の資本金はあくまで株式交換完全親会社（被取得会社）の資本金でなければならないため、差額について資本金又は資本剰余金に振り替える。

■ 例題13　逆取得②（株式交換）

以下の資料に基づき、各問に答えなさい。

(1)　Ａ社はＢ社を完全子会社にするため、株式交換を実施し、株式を交付した。なお、取得企業は株主が占める相対的な議決権比率に基づき決定する。

(2)　発行済株式総数はＡ社4,500株、Ｂ社3,000株であり、株式交換比率はＡ社：Ｂ社＝1：2.5である。

(3)　株式交換日のＡ社株価は@30円、Ｂ社株価は@50円である。

(4)　増加する払込資本のうち、30,000円を資本金とし、残額は資本剰余金とする。

(5)　株式交換直前におけるＡ社の諸資産の時価は125,000円、Ｂ社の諸資産の時価は130,000円である。なお、諸負債については簿価と時価に乖離はないものとする。

(6)　株式交換直前のＡ社及びＢ社の貸借対照表は次のとおりである。

貸 借 対 照 表
×年×月×日現在 （単位：円）

	Ａ　社	Ｂ　社		Ａ　社	Ｂ　社
諸　　資　　産	120,000	125,000	諸　　負　　債	40,000	60,000
			資　　本　　金	50,000	40,000
			資　本　剰　余　金	20,000	20,000
			利　益　剰　余　金	10,000	5,000
	120,000	125,000		120,000	125,000

問1　株式交換直後のＡ社個別貸借対照表を作成しなさい。

問2　株式交換直後のＡ社連結貸借対照表を作成しなさい。

■ 解答解説 （単位：円） ||||||||||||||||||||||||||||||||||||||||||||||||||||||||||||||||||||||||||||||||||

問1

1．取得企業の判定

Ａ社株主：Ｂ社株主＝4,500株（Ａ社）：3,000株（Ｂ社）×2.5（交換比率）＝37.5％：62.5％

以上より、当該企業結合は逆取得に該当する。

2．個別上の処理

逆取得に該当するため、子会社株式の取得原価は株式交換完全子会社の株主資本の金額となる。

（借）子 会 社 株 式	65,000[※1]	（貸）資　　　本　　　金	30,000
		資　本　剰　余　金	35,000[※2]

※1　子会社株式（取得原価）：65,000（Ｂ社株主資本合計）
※2　資本剰余金：65,000（取得原価）－30,000（資本金）＝35,000

3．株式交換後個別貸借対照表

貸 借 対 照 表

A社　　　　　　　　　　　×年×月×日現在

諸　　資　　産	120,000	諸　　　負　　　債	40,000
子 会 社 株 式	65,000	資　　本　　金	80,000
		資 本 剰 余 金	55,000
		利 益 剰 余 金	10,000
	185,000		185,000

問2

　連結貸借対照表の作成に当たっては、個別上の株式交換仕訳を無視して、連結貸借対照表上、本来あるべき会計処理を直接行った方が効率的に解答できる。

1．取得原価の算定

　⑴　交換比率

　　　「A社：B社 = 1：2.5」　→　「A社：B社 = 0.4：1」　→　「B社：A社 = 1：0.4」

　⑵　みなし交付株式数

　　　4,500株（A社発行済株式総数）×0.4（合併比率）= 1,800株

　⑶　取得原価

　　　1,800株（みなし交付株式数）×@50（B社株価）= 90,000

2．B社のA社に対するパーチェス法の適用

(借) 諸　　資　　産	125,000※1	(貸) 諸　　　負　　　債	40,000
の　　れ　　ん	5,000※3	資 本 剰 余 金	90,000※2

　　※1　諸資産：125,000（A社諸資産時価）
　　※2　資本剰余金（取得原価）：90,000
　　　※　便宜上、増加資本の金額を資本剰余金として処理している。
　　※3　のれん：5,000（差額）

3．資本金の修正

　　　連結貸借対照表上の資本金は株式交換完全親会社（A社）の資本金とするため、A社の資本金80,000とB社の資本金40,000との差額40,000を資本剰余金から資本金へ振り替える。

(借) 資 本 剰 余 金	40,000	(貸) 資　　本　　金	40,000

4．株式交換後連結貸借対照表

連 結 貸 借 対 照 表

A社　　　　　　　　　　　×年×月×日現在

借方			金額	貸方			金額
諸	資	産	250,000^{※1}	諸	負	債	100,000^{※1}
の	れ	ん	5,000^{※2}	資	本	金	80,000^{※3}
				資 本 剰 余	金		70,000^{※4}
				利 益 剰 余	金		5,000^{※5}
			255,000				255,000

※1　B社計上額＋仕訳計上額

※2　仕訳計上額

※3　80,000（A社資本金）

※4　20,000（B社）＋90,000（仕訳計上額）－40,000（振替）＝70,000

※5　B社計上額

第**39**章

事業分離会計

第1節　意義

事業分離とは、ある企業を構成する事業を他の企業に移転することをいう。

分離元企業 → 事業分離会計	事業分離において、当該企業を構成する事業を移転する企業
分離先企業 → 企業結合会計	事業分離において、分離元企業からその事業を受け入れる企業

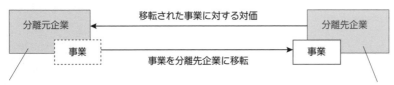

分離元企業は事業を分離先企業に移転させ、
その対価を分離先企業から受け取る。

分離先企業は事業を分離元企業から受け入れ、
その対価を分離元企業に対して支払う。

なお、会社分割は、分割した営業の一部又は全部を承継する会社（分離先企業）が、新たに設立する会社か既存の会社かにより、「新設分割」と「吸収分割」とに分類される。本テキストでは試験上重要性の高い「吸収分割」を用いて説明する。

新設分割	分離元企業がその営業の全部又は一部を、新たに設立する会社に移転する会社分割
吸収分割	分離元企業がその営業の全部又は一部を、既存の会社に移転する会社分割

第2節　分離元企業の個別財務諸表上の会計処理の基本的考え方

1　投資の清算と継続

　分離元企業の会計処理は、事業分離により移転した事業に対して、「**投資が清算**」したのか、「**投資が継続**」しているのかにより異なる。

(1)　投資が清算された場合

　移転した事業に関する投資が清算された場合、受取対価を**時価**で計上し、移転した事業に係る株主資本相当額との差額を**移転損益**とする。

(借)	諸　　負　　債	（簿価）	(貸)	諸　　資　　産	（簿価）		
	受　取　対　価	（時価）		移転損益（利益剰余金）	（差額）		

(2)　投資が継続している場合

　移転した事業に関する投資が継続している場合、受取対価を移転した事業に係る**株主資本相当額**に基づいて算定し、**移転損益は認識しない**。

(借)	諸　　負　　債	（簿価）	(貸)	諸　　資　　産	（簿価）	
	受　取　対　価	（差額）				

(3)　投資の清算・投資の継続の判断基準

①　投資の清算となる場合

　現金など、**移転した事業と明らかに異なる資産**を対価として受け取る場合には、**投資が清算された**とみなされる。

②　投資の継続となる場合

　子会社や関連会社となる分離先企業の株式を対価として受け取る場合には、当該株式を通じて、移転した事業に関する事業投資を引き続き行っていると考えられることから、当該事業に関する投資が継続しているとみなされる。

　具体的には、以下のように判断される。

受取対価の種類	受取対価の内容
現金等の財産	現金・土地などの財産及び分離先企業以外の株式・・・・・投資の清算
分離先企業の株式	子会社株式や関連会社株式となる分離先企業の株式・・・・・投資の継続 上記以外（通常は、その他有価証券）の分離先企業の株式・・投資の清算

2 分離元企業の会計処理の分類

投資の清算・継続は、受取対価の形態や分離先企業の形態によって決定される。

受取対価の形態	分離先企業の形態	共通支配下の取引	投資の継続性	備考
現金等の財産	子会社	共通支配下の取引	－	※
	関連会社	－	投資の清算	
	子会社・関連会社以外	－	投資の清算	
分離先企業の株式	事業分離前から子会社	共通支配下の取引	－	
	事業分離により新たに子会社	－	投資の継続	
	関連会社	－	投資の継続	
	子会社・関連会社以外	－	投資の清算	

　※　分離先企業が子会社となる場合には、共通支配下の取引となるため、対価が現金等の財産であっても、投資の清算には該当しない。

第3節 分離先企業の個別財務諸表上の会計処理の基本的考え方

1 基本的な会計処理

　　分離先企業の会計処理は企業結合会計に基づいて行う。よって、取得と判定された場合はパーチェス法を適用し、共通支配下の取引又は逆取得と判定された場合はそれ特有の処理を適用する。

(1) 取得と判定された場合

　　取得と判定された場合、移転された資産及び負債を時価で計上し、取得原価（取得の対価の時価）との差額を「のれん」又は「負ののれん発生益」として処理する。

(借)	諸	資	産	（時価）	(貸)	諸	負	債	（時価）
	の	れ	ん	（差額）		現金等又は資本			（時価）

(2) 共通支配下の取引と判定された場合

　　共通支配下の取引と判定された場合には、対価の種類により処理が異なる。

① 対価が現金等の財産である場合

　　移転された諸資産及び諸負債を事業分離直前の適正な帳簿価額により計上する。また、対価として支払った現金等の額と移転された事業に係る株主資本相当額との差額が「のれん」として計上されてしまう。

(借)	諸	資	産	（簿価）	(貸)	諸	負	債	（簿価）
	の	れ	ん	（差額）		現	金	等	（簿価）

② 対価が株式である場合

　　移転された諸資産及び諸負債を事業分離直前の適正な帳簿価額により計上する。また、移転された事業に係る株主資本相当額を資本として計上するため、「のれん」は計上しない。

(借)	諸	資	産	（簿価）	(貸)	諸	負	債	（簿価）
						資		本	（差額）

(3) 逆取得と判定された場合

　　対価が分離先企業の株式、かつ、新たに子会社となる場合は、逆取得となる。逆取得の場合、移転された資産及び負債は、事業分離直前の適正な帳簿価額で計上する。また、移転された事業に係る株主資本相当額を資本として計上するため、「のれん」は計上しない。

(借)	諸	資	産	（簿価）	(貸)	諸	負	債	（簿価）
						資		本	（差額）

2 分離先企業の会計処理の分類

受取対価の形態	分離先企業の形態	企業結合形態
現金等の財産	子会社	共通支配下の取引
	関連会社	取得
	子会社・関連会社以外	取得
分離先企業の株式	事業分離前から子会社	共通支配下の取引
	事業分離により新たに子会社	逆取得
	関連会社	取得
	子会社・関連会社以外	取得

第4節　対価が現金等の財産のみの場合の個別財務諸表上の会計処理

1　分離元企業の会計処理

(1)　分離先企業が子会社の場合

　共通支配下の取引に該当するため、受取対価である**現金等の財産は適正な帳簿価額**によって計上される。共通支配下の取引ではあるが、現金等の財産の適正な帳簿価額と移転した事業に係る株主資本相当額との差額は、「**移転損益**」として計上されてしまう。

（借）	諸	負	債	（簿価）	（貸）	諸	資	産	（簿価）
	現	金	等	（簿価）		移転損益（利益剰余金）			（差額）

(2)　分離先企業が子会社以外の場合

　投資が清算されたとみなされるため、受取対価である**現金等の財産の額を時価**で計上し、移転した株主資本相当額との差額を「**移転損益**」として認識する。

（借）	諸	負	債	（簿価）	（貸）	諸	資	産	（簿価）
	現	金	等	（時価）		移転損益（利益剰余金）			（差額）

2　分離先企業の会計処理

(1)　分離先企業が子会社の場合

　共通支配下の取引に該当するため、移転された資産及び負債を事業分離直前の適正な**帳簿価額**により計上する。また、対価として支払った現金等の財産の額と移転された事業に係る株主資本相当額との差額は、「**のれん**」又は「**負ののれん発生益**」として処理されてしまう。

（借）	諸	資	産	（簿価）	（貸）	諸	負	債	（簿価）
	の	れ	ん	（差額）		現	金	等	（簿価）

(2)　分離先企業が子会社以外の場合

　取得と判定されるため、移転された資産及び負債は**時価**で計上し、取得原価（取得の対価の時価）との差額を「**のれん**」又は「**負ののれん発生益**」として処理する。

（借）	諸	資	産	（時価）	（貸）	諸	負	債	（時価）
	の	れ	ん	（差額）		現	金	等	（時価）

第5節 対価が分離先企業の株式のみの場合の個別 財務諸表上の会計処理

1 分離元企業の会計処理

(1) 分離先企業が子会社の場合

　事業分離前から子会社であった場合には共通支配下の取引に該当し、事業分離により新たに子会社となった場合には投資は継続しているとみなせる。そのため、分離先企業が子会社となる場合、個別財務諸表上、移転損益を認識せず、その事業を分離先企業に移転したことにより受け取る株式の取得原価は、移転した事業に係る株主資本相当額に基づいて算定する。

(借) 諸 　 負 　 債 　 (簿価)	(貸) 諸 　 資 　 産 　 (簿価)	
子 会 社 株 式 　 (差額)		

(2) 分離先企業が関連会社の場合

　分離先企業が関連会社となる場合（事業分離前から関連会社であった場合も含む）、投資は継続しているとみなせるため、個別財務諸表上、移転損益を認識せず、その事業を分離先企業に移転したことにより受け取る株式の取得原価は、移転した事業に係る株主資本相当額に基づいて算定する。

(借) 諸 　 負 　 債 　 (簿価)	(貸) 諸 　 資 　 産 　 (簿価)	
関 連 会 社 株 式 　 (差額)		

(3) 分離先企業が子会社及び関連会社以外の場合

　分離先企業が子会社や関連会社以外となる場合、移転した事業に係る投資は清算したと考えられるため、分離元企業の個別財務諸表上、「移転損益」が認識される。

(借) 諸 　 負 　 債 　 (簿価)	(貸) 諸 　 資 　 産 　 (簿価)	
投 資 有 価 証 券 　 (時価)	移転損益（利益剰余金） 　 (差額)	

2　分離先企業の会計処理

⑴　分離先企業が子会社の場合

　事業分離前から子会社であった場合は共通支配下の取引に該当し、事業分離により新たに子会社となった場合は逆取得とみなせる。よって、分離先企業が子会社となる場合、移転された資産及び負債を事業分離直前の適正な帳簿価額により計上する。そして、移転された事業に係る株主資本相当額を資本として計上する。

（借）	諸	資	産	（簿価）	（貸）	諸	負	債	（簿価）
						資		本	（差額）

⑵　分離先企業が関連会社の場合

　分離先企業が関連会社となる場合（事業分離前から関連会社であった場合も含む）、取得と判定されるため、移転された資産及び負債は時価で計上し、取得原価（交付した株式の時価）との差額を「のれん」又は「負ののれん発生益」として処理する。

（借）	諸	資	産	（時価）	（貸）	諸	負	債	（時価）
	の	れ	ん	（差額）		資		本	（時価）

⑶　分離先企業が子会社及び関連会社以外の場合

　分離先企業が子会社や関連会社以外となる場合、取得と判定されるため、移転された資産及び負債は時価で計上し、取得原価（交付した株式の時価）との差額を「のれん」又は「負ののれん発生益」として処理する。

（借）	諸	資	産	（時価）	（貸）	諸	負	債	（時価）
	の	れ	ん	（差額）		資		本	（時価）

第39章　事業分離会計

■ 例題1　対価が現金等の財産のみの場合の個別財務諸表上の処理　　重要度 A

以下の資料に基づき、各問におけるA社及びB社の仕訳を示しなさい。

(1)　A社は，X事業をB社に移転した。

(2)　X事業の適正な帳簿価額は諸資産400,000円、諸負債150,000円であり、X事業の諸資産の時価は420,000円である。

(3)　事業分離に伴い、A社はB社より現金300,000円を受け取った。

(4)　税効果会計は考慮しない。

問1　B社が事業分離前から子会社の場合
問2　B社が関連会社となる場合
問3　B社が子会社及び関連会社以外となる場合

■ 解答解説（単位：円）||||||||||||||||||||||||||||||||||||||||||||||||||||||||||||||||||||||||||||||||||||||||||

問1　B社が子会社の場合

1．A社（分離元企業）

共通支配下の取引に該当するため、現金等の財産を適正な帳簿価額により計上し、差額が移転損益として計上されてしまう。

（借）諸　　負　　債	150,000	（貸）諸　　資　　産	400,000
現　金　預　金	300,000	移転損益（利益剰余金）	50,000

2．B社（分離先企業）

共通支配下の取引に該当するため、移転された資産及び負債を移転直前の適正な帳簿価額により計上し、対価として支払った現金の額との差額がのれんとして計上されてしまう。

（借）諸　　資　　産	400,000	（貸）諸　　負　　債	150,000
の　　れ　　ん	50,000	現　金　預　金	300,000

問2　B社が関連会社の場合

1．A社（分離元企業）

投資の清算に該当するため、受取対価である現金等の財産を時価で計上し、移転した事業の株主資本相当額との差額を移転損益として処理する。

（借）諸　　負　　債	150,000	（貸）諸　　資　　産	400,000
現　金　預　金	300,000	移転損益（利益剰余金）	50,000

2．B社（分離先企業）

取得に該当するため、移転された資産及び負債を時価で計上し、取得原価との差額はのれんとして処理する。

（借）諸　　資　　産	420,000	（貸）諸　　負　　債	150,000
の　　れ　　ん	30,000	現　金　預　金	300,000

問3 B社が子会社及び関連会社以外の場合

1．A社（分離元企業）

投資の清算に該当するため、受取対価である現金等の財産を時価で計上し、移転した事業の株主資本相当額との差額を移転損益として処理する。

（借）	諸	負	債		150,000	（貸）	諸	資	産		400,000
	現	金	預	金	300,000		移転損益（利益剰余金）				50,000

2．B社（分離先企業）

取得に該当するため、移転された資産及び負債を時価で計上し、取得原価との差額はのれんとして処理する。

（借）	諸	資	産	420,000	（貸）	諸	負	債	150,000
	の	れ	ん	30,000		現	金 預	金	300,000

■ **例題2　対価が分離先企業の株式のみの場合の個別財務諸表上の処理**　　重要度 A

以下の資料に基づき、各問におけるA社及びB社の仕訳を示しなさい。

(1)　A社は，X事業をB社に移転した。

(2)　X事業の適正な帳簿価額は諸資産400,000円、諸負債150,000円であり、X事業の諸資産の時価は420,000円である。

(3)　事業分離に伴い、A社はB社よりB社株式（時価300,000円）を受け取った。

(4)　増加する払込資本の全額を資本金とする。

(5)　税効果会計は考慮しない。

問1　株式の受け入れによりB社が子会社となる場合
問2　株式の受け入れによりB社が関連会社となる場合
問3　B社が子会社及び関連会社以外の場合

■ **解答解説**（単位：円）||||||||||||||||||||||||||||||||||||||||||||||||||

問1 株式の受け入れによりB社が子会社となる場合

1．A社（分離元企業）

投資の継続に該当するため、分離先企業の株式を移転した事業の株主資本相当額により計上し、移転損益は計上しない。

（借）	諸	負	債	150,000	（貸）	諸	資	産	400,000
	子 会 社 株 式			250,000					

2．B社（分離先企業）

逆取得に該当するため、移転された資産及び負債を移転直前の適正な帳簿価額によって計上し、増加資本は、移転した事業の株主資本相当額とする。

（借）	諸	資	産	400,000	（貸）	諸	負	債	150,000
						資	本	金	250,000

問2 株式の受け入れによりB社が関連会社となる場合

1．A社（分離元企業）

投資の継続に該当するため、分離先企業の株式を移転した事業の株主資本相当額として計上し、移転損益は計上しない。

（借）	諸　　負　　債	150,000	（貸）	諸　　資　　産	400,000
	関 連 会 社 株 式	250,000			

2．B社（分離先企業）

取得に該当するため、移転された資産及び負債を時価で計上し、取得原価（交付した株の時価）との差額はのれんとして処理する。

（借）	諸　　資　　産	420,000	（貸）	諸　　負　　債	150,000
	の　　れ　　ん	30,000		資　　本　　金	300,000

問3 B社が子会社及び関連会社以外の場合

1．A社（分離元企業）

投資の清算に該当するため、受取対価である分離先企業の株式を時価で計上し、移転した事業の株主資本相当額との差額を移転損益として計上する。

（借）	諸　　負　　債	150,000	（貸）	諸　　資　　産	400,000
	投 資 有 価 証 券	300,000		移転損益（利益剰余金）	50,000

2．B社（分離先企業）

取得に該当するため、移転された資産及び負債は時価で計上し、取得原価（交付した株の時価）との差額はのれんとして処理する。

（借）	諸　　資　　産	420,000	（貸）	諸　　負　　債	150,000
	の　　れ　　ん	30,000		資　　本　　金	300,000

第6節　対価が現金等の財産のみの場合の連結財務諸表上の会計処理

1 分離先企業が子会社の場合

子会社（分離先企業）で認識された「のれん」と「移転損益」を相殺消去する。

（借）	移転損益（利益剰余金）	×××	（貸）	の　　れ　　ん	×××

2 分離先企業が関連会社の場合

「投資額」と「移転損益のうち投資会社持分相当額」を相殺消去する。

（借）	移転損益（利益剰余金）	×××	（貸）	関 連 会 社 株 式	×××

3 分離先企業が子会社及び関連会社以外の場合

企業集団内の取引に該当しないため、個別財務諸表上で認識した移転損益は連結財務諸表上においても消去しない。

■ 例題3　対価が現金等の財産のみ（分離先子会社）　　重要度B

以下の資料に基づき、事業分離直後のP社の連結貸借対照表を作成しなさい。

(1)　P社は×2年3月31日に、S社株式の60％を46,000千円で取得し、S社を子会社とした。

(2)　×2年3月31日におけるS社の資本は、資本金50,000千円、利益剰余金20,000千円であった。なお、S社の諸資産と諸負債の時価と簿価との間に乖離はないものとする。

(3)　P社は×3年3月31日に、X事業をS社に移転した。移転直前のX事業の適正な帳簿価額は諸資産10,000千円、諸負債4,000千円であり、X事業の諸資産の時価は12,000千円である。なお、X事業の時価は9,000千円であった。

(4)　事業分離により、P社はS社から現金9,000千円を受け取った。

(5)　事業分離直前（×3年3月31日）のP社及びS社の貸借対照表

貸 借 対 照 表
×3年3月31日現在　　　　　　　　　　（単位：千円）

	P　社	S　社		P　社	S　社
現 金 預 金	49,000	30,000	諸 負 債	60,000	20,000
諸 資 産	85,000	65,000	資 本 金	80,000	50,000
子 会 社 株 式	46,000	－	利 益 剰 余 金	40,000	25,000
	180,000	95,000		180,000	95,000

(6)　のれんは発生年度の翌期から10年間にわたり定額法により償却する。

(7)　税効果会計は考慮しない。

(8)　剰余金の配当は行われていない。

■ 解答解説 (単位：千円)

1．個別上の処理

(1)　P社（分離元企業）

　共通支配下の取引に該当するため、現金等の財産を適正な帳簿価額により計上し、差額が移転損益として計上されてしまう。

（借）	諸　　負　　債	4,000	（貸）	諸　　資　　産	10,000
	現　金　預　金	9,000		移転損益（利益剰余金）	3,000

(2)　S社（分離先企業）

　共通支配下の取引に該当するため、移転された資産及び負債を移転直前の適正な帳簿価額により計上し、対価として支払った現金の額との差額がのれんとして計上されてしまう。

（借）	諸　　資　　産	10,000	（貸）	諸　　負　　債	4,000
	の　　れ　　ん	3,000		現　金　預　金	9,000

(3)　事業分離直後のP社及びS社の個別貸借対照表

貸　借　対　照　表

×3年3月31日現在

	P　　社	S　　社		P　　社	S　　社
現　金　預　金	58,000	21,000	諸　　負　　債	56,000	24,000
諸　　資　　産	75,000	75,000	資　　本　　金	80,000	50,000
の　　れ　　ん	－	3,000	利　益　剰　余　金	43,000	25,000
子　会　社　株　式	46,000	－			
	179,000	99,000		179,000	99,000

2．連結上の処理

(1)　タイム・テーブル

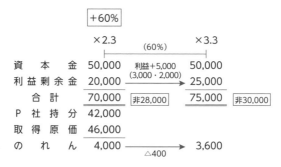

(2)　投資と資本の相殺消去

（借）	資　　本　　金	50,000	（貸）	子　会　社　株　式	46,000
	利　益　剰　余　金	20,000		非　支　配　株　主　持　分	28,000
	の　　れ　　ん	4,000			

(3)　利益の按分

（借）	非支配株主に帰属する当期純損益〔利益剰余金〕	2,000	（貸）	非 支 配 株 主 持 分	2,000

※　5,000（S社利益）×40%（非持比率）＝2,000

(4)　のれん償却額

（借）	のれん償却額（利益剰余金）	400	（貸）	の　　れ　　ん	400

※　4,000（のれん計上額）÷10年（償却年数）＝400

(5)　事業分離に伴う移転損益の修正

（借）	移転損益（利益剰余金）	3,000	（貸）	の　　れ　　ん	3,000

※　個別上で認識した移転損益は、連結上は未実現損益と捉えられるため、のれんと相殺消去する。

(6)　連結貸借対照表

連 結 貸 借 対 照 表

×3年3月31日現在

現　　金　　預　　金	79,000[※1]	諸　　　負　　　債	80,000[※1]
諸　　　資　　　産	150,000[※1]	資　　　本　　　金	80,000[※3]
の　　　れ　　　ん	3,600[※2]	利　益　剰　余　金	42,600[※4]
		非 支 配 株 主 持 分	30,000[※5]
	232,600		232,600

※1　P社及びS社計上額の合計
※2　4,000（のれん計上額）×9年（未償却年数）／10年（償却年数）＝3,600
※3　P社計上額
※4　43,000（分離後P社）＋3,000（取得後剰余金）－400（のれん償却額）－3,000（移転損益）＝42,600
※5　75,000（X3.3資本合計）×40%（非持比率）＝30,000

第7節　対価が分離先企業の株式のみの場合の連結財務諸表上の会計処理

1　分離先企業が子会社となる場合

分離先企業が子会社となる場合、事業分離によって、分離元企業は、事業分離前の分離先企業の持分を取得するとともに、移転した事業の持分を一部売却したと捉える。

(1)　事業分離前に分離先企業株式を保有していない場合

① 分離先企業の原始取得

分離先企業に対して投資したとみなされる額（事業分離前の分離先企業の時価×取得割合）と分離先企業に対する持分増加額（事業分離前の分離先企業の資本合計×取得割合）との差額を「のれん」又は「負ののれん発生益」として処理する。

② 分離した事業の一部売却

事業を移転したとみなされる額（移転した事業の時価×売却割合）と移転した事業に対する持分減少額（移転した事業の株主資本相当額×売却割合）との差額を「資本剰余金」として処理する。

(2)　事業分離前に分離先企業株式を保有しており、事業分離により子会社となった場合

基本的に（1）と同様の処理を行う。しかし、支配獲得時まで段階的に取得しているため、事業分離前に有していた分離先企業の株式は、支配獲得時の時価に修正し、生じた差額を「段階取得に係る損益」として処理する。

(3)　事業分離前に分離先企業を子会社としており、事業分離により追加取得した場合

子会社に事業分離した場合、事業分離前の分離先企業を追加取得すると捉えるため、分離先企業に対して追加投資したとみなされる額（事業分離前の分離先企業の時価×追加取得割合）と、分離先企業に対する持分増加額（事業分離前の分離先企業の資本合計×追加取得割合）との間に生ずる差額については、「資本剰余金」とする。なお、移転した事業に対する処理は（1）と同様になる。

■ 例題4　対価が株式のみ（新規子会社）　　　　　　　　　　　　　　重要度B

以下の資料に基づき、事業分離直後のP社の連結貸借対照表を作成しなさい。

(1)　P社は×3年3月31日に，X事業をS社に移転した。

(2)　P社とS社は、事業分離までには資本関係を有していない。事業分離以前のS社の発行済株式総数は200株である。

(3)　事業分離に伴い、P社はS社株式300株（事業分離時の株価：@200千円）を受け入れ、S社株式の60%を保有することになった。なお、S社では増加する払込資本の全額を資本金とする。

(4)　事業分離直前のX事業の適正な帳簿価額は諸資産70,000千円、諸負債30,000千円（株主資本相当額40,000千円）であり、X事業の諸資産の時価は78,000千円である。なお、X事業の時価は60,000千円であった。

(5)　×3年3月31日におけるS社の諸資産の時価は106,000千円、S社の時価は40,000千円である。

(6)　事業分離直前（×3年3月31日）のP社及びS社の貸借対照表

貸 借 対 照 表
×3年3月31日現在　　　　　　　　　　　　　　（単位：千円）

	P 　 社	S 　 社		P 　 社	S 　 社
諸　資　産	252,000	100,000	諸　負　債	80,000	70,000
			資　本　金	72,000	10,000
			利 益 剰 余 金	100,000	20,000
	252,000	100,000		252,000	100,000

(7)　税効果会計は考慮しない。

■ 解答解説 （単位：千円）||||||||||||||||||||||||||||||||||||||||||||||||||||||||||||||||||||||||||||||

1．個別上の処理

(1)　P社（分離元企業）

　　投資の継続に該当するため、分離先企業の株式を移転した事業の株主資本相当額により計上し、移転損益は計上しない。

(借) 諸　　負　　債	30,000	(貸) 諸　　資　　産	70,000
子 会 社 株 式	40,000		

(2)　S社（分離先企業）

　　逆取得に該当するため、移転された資産及び負債を移転直前の適正な帳簿価額によって計上し、増加資本は、移転した事業の株主資本相当額とする。

(借) 諸　　資　　産	70,000	(貸) 諸　　負　　債	30,000
		資　　本　　金	40,000

(3) 事業分離直後のＰ社及びＳ社の個別貸借対照表

貸 借 対 照 表
×３年３月31日現在

	Ｐ 社	Ｓ 社		Ｐ 社	Ｓ 社
諸 資 産	182,000	170,000	諸 負 債	50,000	100,000
子 会 社 株 式	40,000	－	資 本 金	72,000	50,000
			利 益 剰 余 金	100,000	20,000
	222,000	170,000		222,000	170,000

２．連結上の処理

(1) タイム・テーブル等

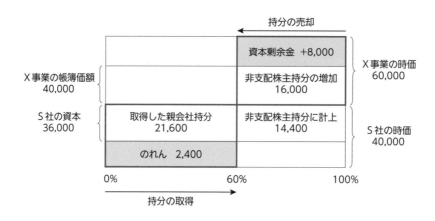

	X事業△40%	S社60%
	×3.3	×3.3
資 本 金	40,000	10,000
利 益 剰 余 金	0	20,000
評 価 差 額		6,000
合 計	40,000	36,000　非30,400
Ｐ 社 持 分	△16,000(*1)	21,600(*3)
みなし売却・投資額	△24,000(*2)	24,000(*4)
の れ ん		2,400
資 本 剰 余 金	8,000	

※１ 売却持分：40,000（X事業株主資本相当額）×40%（売却割合）＝16,000
※２ 移転したとみなされる額：60,000（X事業時価）×40%（売却割合）＝24,000
※３ 取得持分：36,000（分離前S社資本合計）×60%（取得割合）＝21,600
※４ 投資したとみなされる額：40,000（S社時価）×60%（取得割合）＝24,000

(2) 評価差額の計上

（借）諸 資 産	6,000	（貸）評 価 差 額	6,000

※ 106,000（S社諸資産時価）－100,000（S社諸資産簿価）＝6,000

（3）　連結修正仕訳

①　分離先企業の原始取得（0％ → 60％）

　　S社に投資したとみなされる額とS社に対する持分増加額（取得持分）との差額をのれんとして処理する。

（借）	資　　本　　金	10,000	（貸）	子 会 社 株 式	24,000[※2]
	利 益 剰 余 金	20,000		非 支 配 株 主 持 分	14,400[※4]
	評 価 差 額	6,000			
	の　　れ　　ん	2,400[※1]			

※1　のれん：24,000（投資したとみなされる額[※2]）－ 21,600（取得持分[※3]）= 2,400
※2　子会社株式（投資したとみなされる額）：40,000（S社時価）× 60％（取得割合）= 24,000
※3　取得持分：36,000（分離前S社資本合計）× 60％（取得割合）= 21,600
※4　非支配株主持分：36,000（分離前S社資本合計）× 40％（非持比率）= 14,400

②　分離した事業の一部売却（100％ → 60％）

　　X事業を移転したとみなされる額とX事業に対する持分減少額（売却持分）との差額を資本剰余金として処理する。

（借）	資　　本　　金	40,000[※1]	（貸）	子 会 社 株 式	16,000[※2]
				非 支 配 株 主 持 分	16,000[※3]
				資 本 剰 余 金	8,000[※4]

※1　資本金：移転した事業に係る増加資本
※2　子会社株式：40,000（個別上の取得原価）－ 24,000（投資したとみなされる額）= 16,000
※3　非支配株主持分（売却持分）：40,000（X事業株主資本相当額）× 40％（売却割合）= 16,000
※4　資本剰余金：24,000（移転したとみなされる額[※5]）－ 16,000（売却持分[※3]）= 8,000
※5　移転したとみなされる額：60,000（X事業時価）× 40％（売却割合）= 24,000

（4）　連結貸借対照表

連 結 貸 借 対 照 表
×3年3月31日現在

諸　　資　　産	358,000[※1]	諸　　　　負　　　　債	150,000
の　　れ　　ん	2,400	資　　　　本　　　　金	72,000
		資 本 剰 余 金	8,000
		利 益 剰 余 金	100,000
		非 支 配 株 主 持 分	30,400[※2]
	360,400		360,400

※1　182,000（P社）+ 170,000（S社）+ 6,000（評価差額）= 358,000
※2　76,000（分離後S社資本合計）× 40％（非持比率）= 30,400

第39章　事業分離会計

参考 持分比率の算定

本問では事業分離後の持分比率（60％）が問題文に示されているが、次のとおり計算することもできる。

$$\frac{300株（事業分離に伴うS社発行株式数）}{200株（事業分離以前のS社発行済株式総数）＋300株（事業分離に伴うS社発行済株式数）} = 60\%$$

参考 時価の算定

本問では事業分離直前（×3年3月31日）のS社の時価（40,000千円）が問題文に示されているが、次のとおり計算することもできる。

200株（事業分離以前のS社発行済株式総数）×@200（事業分離時のS社株価）＝40,000

第8節　共同支配企業の形成

1　意義

　　共同支配とは、複数の独立した企業が契約等に基づき、ある企業を共同で支配することをいう。ここで、複数の独立した企業により共同で支配される企業を共同支配企業といい、共同支配企業を共同で支配する企業を共同支配投資企業という。

　　なお、共同支配の契約が存在していれば、持分比率に係わらず共同支配企業の形成となる。

2　共同支配企業の形成における代表的な組織再編形式

　　共同支配企業の形成における代表的な形式として、共同新設分割による場合と吸収合併による場合がある。なお、本テキストでは試験上重要性の高い「共同新設分割」を用いて説明する。

　①　共同新設分割による場合

〈共同支配企業形成前〉　　　　　　　　〈共同支配企業形成後〉

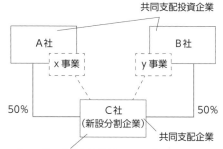

・A社とB社は共同新設分割によりC社を設立。
・新設分割の際にA社とB社はC社を共同支配する契約を締結。
・新設分割の結果、C社に対する持分比率がA社：B社＝50％：50％となった。

　②　吸収合併による場合

〈共同支配企業形成前〉　　　　　　　　〈共同支配企業形成後〉

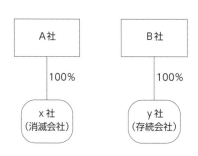
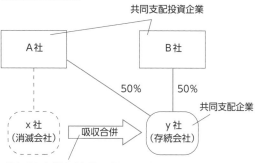

・x社を吸収合併消滅会社、y社を吸収合併存続会社とする吸収合併を実施。
・吸収合併の際にA社とB社はy社を共同支配する契約を締結。
・吸収合併の結果、y社に対する持分比率がA社：B社＝50％：50％となった。

3 共同新設分割により共同支配企業を形成する場合

(1) 共同支配企業（分離先企業）の会計処理

　　共同支配企業の形成は、いずれの企業の株主も他の企業を支配したとは認められず、結合後企業のリスクや便益を引き続き相互に共有するため、「持分の結合」に該当する。

　　よって、共同支配企業は、共同支配投資企業から移転する資産及び負債を、移転直前に共同支配投資企業において付されていた適正な帳簿価額により計上する。増加資本は、適正な帳簿価額による株主資本の額を払込資本として処理する。

（借）諸　　　資　　　産	×××※1	（貸）諸　　　負　　　債	×××※1
		払　込　資　本	×××※2

　　※1　諸資産・諸負債：適正な帳簿価額
　　※2　払込資本：移転事業に係る株主資本相当額

(2) 共同支配投資企業（分離元企業）の会計処理

① 個別上の処理

　　共同支配企業の形成にあたり、共同支配投資企業は、移転した事業に係る株主資本相当額に基づいて共同支配企業に対する投資（共同支配企業株式）の取得原価を算定する。

（借）諸　　負　　債	×××	（貸）諸　　資　　産	×××
共 同 支 配 企 業 株 式	×××※		

　　※　共同支配企業株式：移転した事業に係る株主資本相当額

② 連結上の処理

　　共同支配投資企業は、共同支配企業に対する投資について持分法会計を適用する。この際、事業分離会計における分離先企業が関連会社の場合の処理に準じて処理を行う。

（i） 事業の取得

　　新たに共同支配する事業に投資したとみなされる額（事業分離直前の事業の時価×取得割合）と新たに取得する事業に対する持分増加額（事業分離直前の事業の資本合計×取得割合）の差額は「のれん」又は「負ののれん発生益」として処理する。

仕　　訳　　な　　し

（ii） 分離した事業の一部売却

　　分離元企業の事業が移転されたとみなされる額（移転した事業の時価×売却割合）と、移転した事業に係る分離元企業の持分の減少額（移転した事業の株主資本相当額×売却割合）との間に生ずる差額については、「持分変動差額（持分変動損益）」（収益または費用）として処理する。

（借）共 同 支 配 企 業 株 式	×××	（貸）持分変動差額(利益剰余金)	×××

■ 例題5　共同支配企業の形成　　　　　　　　　　　　　　　　　　　重要度 A

以下の資料に基づき、各問に答えなさい。

(1)　A社とB社は、×3年4月1日に共同新設分割によりC社を設立した。A社とB社はC社を共同支配する契約を締結しており、当該新設分割は共同支配企業の形成と判断された。

(2)　新設分割に際して、C社はA社に対して600株、B社に対して400株の株式を発行している。

(3)　C社は、増加資本の全額を資本金として処理する。

(4)　C社に移転した事業に係る資産及び負債の移転直前の帳簿価額等は次のとおりである。なお、諸負債については時価と簿価に乖離はないものとする。　　　　　（単位：千円）

	諸資産 簿価	諸負債 簿価	諸資産 時価	移転事業 時価
A社が移転するX事業	40,000	20,000	44,000	30,000
B社が移転するY事業	25,000	10,000	28,000	20,000

(5)　C社の当期純利益は4,000千円であった。

(6)　のれんは発生年度より10年間にわたり定額法により償却する。

(7)　税効果会計は考慮しない。

問1　×4年3月期のA社の連結財務諸表における下記項目の金額を答えなさい。

問2　×4年3月期のB社の連結財務諸表における下記項目の金額を答えなさい。

　　　連結損益計算書：持分法による投資利益、持分変動差額

　　　連結貸借対照表：C社株式

〈共同支配企業形成前〉　　　　　　〈共同支配企業形成後〉

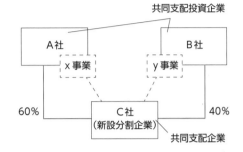

1．個別上の処理

(1) C社

(借)	諸 資 産（ X 事 業 ）	40,000[※1]	(貸)	諸 負 債（ X 事 業 ）		20,000[※1]
				資　　本　　金		20,000[※2]
(借)	諸 資 産（ Y 事 業 ）	25,000[※1]		諸 負 債（ Y 事 業 ）		10,000[※1]
				資　　本　　金		15,000[※2]

※1　諸資産及び諸負債：A社及びB社の適正な帳簿価額
※2　資本金：移転事業に係る株主資本

(2) A社

(借)	C　社　株　式	20,000[※]	(貸)	諸 資 産（ X 事 業 ）	40,000
	諸 負 債（ X 事 業 ）	20,000			

※　C社株式：移転した事業の株主資本相当額

(3) B社

(借)	C　社　株　式	15,000[※]	(貸)	諸 資 産（ Y 事 業 ）	25,000
	諸 負 債（ Y 事 業 ）	10,000			

※　C社株式：移転した事業の株主資本相当額

2．連結上の処理：A社

(1) タイム・テーブル等

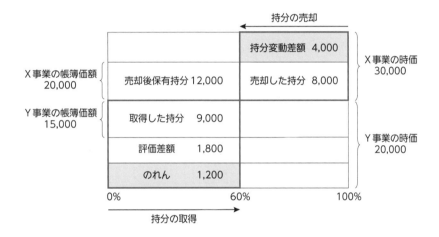

※1 評価差額：(28,000 − 25,000)×60%（取得割合）＝1,800
※2 投資したとみなされる額：3/4 Y事業時価20,000×60%（取得割合）＝12,000
※3 A社売却持分：X事業株主資本相当額20,000×3/4 A社売却40%＝8,000
※4 移転したとみなされる額：X事業時価30,000×3/4 A社売却40%＝12,000

(2) 持分法適用仕訳

① Y事業の60%取得に係るのれんの算定

〔20,000（Y事業時価）−｛28,000（Y事業諸資産時価）−10,000（Y事業諸負債時価）｝〕

×60%（A社比率）＝1,200

② X事業の40%売却に係る持分変動差額の認識

(借)	C 社 株 式	4,000	(貸)	持 分 変 動 差 額	4,000

※ ｛30,000（X事業時価）−20,000（X事業株主資本相当額）｝×40%（売却割合）＝4,000

③ 利益の計上

(借)	C 社 株 式	2,400	(貸)	持分法による投資損益	2,400

※ 4,000（C社利益）×60%（A社比率）＝2,400

④ のれんの償却

(借)	持分法による投資損益	120	(貸)	C 社 株 式	120

※ 1,200（のれん計上額）÷10年（償却年数）＝120

(3) 連結財務諸表計上額（問1の解答）

持分法による投資利益：2,400（利益の計上）－120（のれん償却額）＝2,280

持分変動益：4,000

C社株式：20,000（取得原価）＋4,000（持分変動差額）＋2,400（利益の計上）－120（のれん償却額）

$$= 26,280$$

　　　　　：23,400（X4.3 A社持分）＋1,800（評価差額）＋1,080（のれん未償却残高）＝26,280

　　　　　：20,000（Y事業時価）×60％（A社比率）＋20,000（X事業株主資本相当額）

　　　　　　　　×60％（売却後保有割合）＋2,400（利益の計上）－120（のれん償却額）＝26,280

3．連結上の処理：B社

(1)　タイム・テーブル等

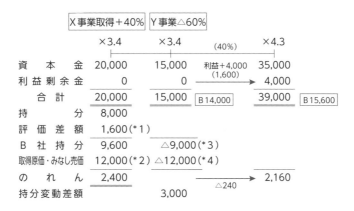

※1　評価差額：｜44,000（X事業諸資産時価）－ 40,000（X事業諸資産簿価）｜× 40％（取得割合）= 1,600
※2　投資したとみなされる額：30,000（X事業時価）× 40％（取得割合）= 12,000
※3　B社売却持分：15,000（Y事業株主資本相当額）× 60％（売却割合）= 9,000
※4　移転したとみなされる額：20,000（Y事業時価）× 60％（売却割合）= 12,000

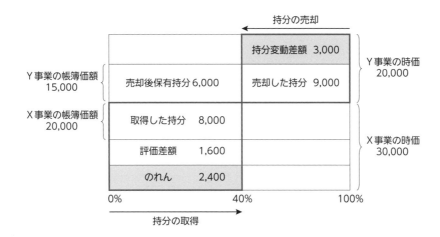

(2)　持分法適用仕訳

①　X事業の40％取得に係るのれんの算定

〔30,000（X事業時価）－｜44,000（X事業諸資産時価）－ 20,000（X事業諸負債時価）｜〕
$$× 40％（B社比率）= 2,400$$

②　Y事業の60％売却に係る持分変動差額の認識

（借）　C　社　株　式	3,000	（貸）　持 分 変 動 益 差 額	3,000

※　｜20,000（Y事業時価）－ 15,000（Y事業の株主資本相当額）｜× 60％（売却割合）= 3,000

③　利益の計上

（借）　C　社　株　式	1,600	（貸）　持分法による投資損益	1,600

※　4,000（C社利益）× 40％（B社比率）= 1,600

④　のれんの償却

（借）　持分法による投資損益	240	（貸）　C　社　株　式	240

※　2,400（のれん計上額）÷ 10年（償却年数）= 240

(3) 連結財務諸表計上額（問2の解答）

持分法による投資利益：1,600（利益の計上）－240（のれん償却額）＝1,360

持分変動益：3,000

C社株式：15,000（取得原価）＋3,000（持分変動差額）＋1,600（利益の計上）－240（のれん償却額）
$$= 19,360$$

：15,600（X4.3 B社持分）＋1,600（評価差額）＋2,160（のれん未償却残高）＝19,360

：30,000（X事業時価）×40％（B社比率）＋15,000（Y事業株主資本相当額）
×40％（売却後保有割合）＋1,600（利益の計上）－240（のれん償却額）＝19,360

1株当たり情報

第1節　1株当たり当期純利益

1　開示目的

　「1株当たり当期純利益」及び「潜在株式調整後1株当たり当期純利益」の算定及び開示の目的は、普通株主に関する一会計期間における企業の成果を示し、投資家の的確な投資判断に資する情報を提供することである。投資家は株式1株当たりの購入金額に対して、いくらの利益を獲得し、いくらの配当がもらえるのかという情報を求めているため、1株当たり当期純利益を開示する必要がある。

　普通株主とは、普通株式の所有者であり、**普通株式**とは、株主としての権利内容等に制限の無い標準的な株式である。「普通株主」に対する情報の開示を目的としているのは、市場で流通する株式の多くは普通株式であるためである。なお、その他の株式として、優先的に配当金を受け取ることができる配当優先株式等がある。

2　算定式

$$1株当たり当期純利益 = \frac{普通株式に係る当期純利益}{普通株式の期中平均株式数_{※1}}$$

$$= \frac{損益計算書上の当期純利益 - 普通株主に帰属しない金額_{※2}}{普通株式の期中平均発行済株式数 - 普通株式の期中平均自己株式数}$$

※1　1年間の利益との対応関係から、株式数は期中の平均株式数を用いる。
※2　普通株主に帰属しない金額には、優先配当額等がある。
※3　連結財務諸表の場合には、「親会社株主に帰属する当期純利益」を、「親会社の普通株式の期中平均株式数」で除して算定する。

■ 例題1　1株当たり当期純利益　　　重要度 B

　以下の資料に基づき、1株当たり当期純利益を算定しなさい。なお、計算上円未満の端数が生じる場合には、小数点以下第3位を四捨五入すること。

(1)　当期純利益は1,000千円である。

(2)　当期首の発行済株式総数は、6,000株であり、期中に変動はない。

(3)　当社は普通株式のみを発行している。

■ 解答解説 |||||||||||||||||||||||||||||||||||||||||||||||||||||||||||||||||||||||||||||||||||||||||||||||

〔1株当たり当期純利益〕

　1,000千円（当期純利益）÷ 6,000株（平均株数）= 166.666…円　≒ 166円67銭

■ 例題2　連結上の1株当たり当期純利益　　　　　重要度 B

以下の資料に基づき、P社連結財務諸表における1株当たり当期純利益を算定しなさい。なお、計算上円未満の端数が生じる場合には、小数点以下第3位を四捨五入すること。

(1) 連結損益計算書（抜粋）は以下のとおりである。

当　　期　　純　　利　　益	3,000 千円
非支配株主に帰属する当期純利益	600 千円
親会社株主に帰属する当期純利益	2,400 千円

(2) P社及びS社の当期首の発行済株式総数は6,000株及び2,000株であり、期中に変動はない。なお、全て普通株式である。

(3) P社は前期以前にS社株式を1,200株取得し連結子会社としている。

■ 解答解説

〔1株当たり当期純利益〕

2,400千円（親会社株主に帰属する当期純利益）÷6,000株（親会社の株式数）＝400円

■ 例題3　普通株主に帰属しない金額がある場合　　　　　重要度 C

以下の資料に基づき、1株当たり当期純利益を算定しなさい。なお、計算上円未満の端数が生じる場合には、小数点以下第3位を四捨五入すること。

(1) 当期首の発行済株式総数は、普通株式6,000株、配当優先株式500株である。

(2) 当期純利益は1,000千円である。

(3) 当期末を基準日とする剰余金の配当に係る優先配当額は100千円である。

(4) 会計期間は、3月31日を決算日とする1年間である。

■ 解答解説

〔1株当たり当期純利益〕

｛1,000千円（当期純利益）－100千円（優先配当額）｝÷6,000株（普通株式）＝150円

3 普通株式の期中平均株式数の算定

普通株式の期中平均株式数は、期首における普通株式の発行済株式数に、期中に普通株式が発行された場合は当該発行時から期末までの期間に応じた普通株式の発行済株式数を加算し、期中平均自己株式数を控除して算定する。

$$
\text{普通株式の期中平均株式数} = \text{期首発行済株式数} + \text{期中増加株式数} \times \frac{\text{当該発行日から期末までの日数}}{365\text{日}} - \text{期中平均自己株式数}
$$

■ 例題4　期中平均株式数

重要度 B

以下の資料に基づき、普通株式の期中平均株式数を求めなさい。なお、計算上小数点以下の端数が生じる場合には、小数点以下を四捨五入すること。

(1) 当期首の発行済株式総数は6,000株である。

(2) 当社は普通株式のみを発行している。

(3) 3月1日（払込期日）に新株1,000株を発行した。なお、新株の効力発生日は払込期日とする。

(4) 会計期間は、3月31日を決算日とする1年間である。

■ 解答解説

〔期中平均株式数〕

$$
6{,}000\text{株} + 1{,}000\text{株} \times \frac{31\text{日}}{365\text{日}} = 6{,}084.93\cdots\text{株} \fallingdotseq 6{,}085\text{株}
$$

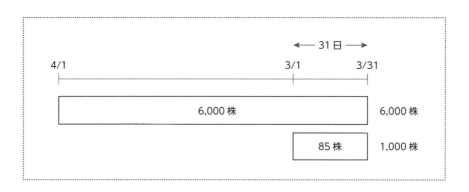

4　期中平均自己株式数の算定

(1)　自己株式を期中で取得している場合

$$\text{期中平均自己株式数} = \text{期首自己株式数} + \text{期中取得自己株式数} \times \frac{\text{当該取得日から期末までの日数}}{365日}$$

(2)　自己株式を期中で処分している場合

$$\text{期中平均自己株式数} = \text{期首自己株式数} - \text{期中処分自己株式数} \times \frac{\text{当該処分日から期末までの日数}}{365日}$$

※　自己株式を消却した場合には期中平均自己株式数だけでなく、期中平均発行済株式数も減少する。そのため、結果的に、期中平均株式数は自己株式を消却しなかった場合と同じになる。

■ 例題5　期中平均自己株式数　　重要度 B

　以下の資料に基づき、問1から問4の各ケースについて、普通株式の期中平均株式数を求め、1株当たり当期純利益を算定しなさい。なお、計算上小数点以下の端数が生じる場合には、株数については小数点以下を四捨五入し、円未満の端数については小数点以下第3位を四捨五入すること。

(1)　当期首の発行済株式総数は6,000株であり、当社は普通株式のみを発行している。
(2)　当期首に自己株式500株を保有している。
(3)　当期純利益は、1,000千円とする。
(4)　会計期間は、3月31日を決算日とする1年間である。

問1　当期中に自己株式の取得・処分・消却は行わなかった。
問2　3月1日に新たに自己株式100株を取得した。
問3　3月1日に保有する自己株式100株を処分した。
問4　3月1日に保有する自己株式100株を消却した。

■ 解答解説

問1

〔期中平均株式数〕

6,000株 − 500株 = 5,500株

〔1株当たり当期純利益〕

1,000千円（当期純利益）÷ 5,500株（平均株数）= 181.818…円　≒ 181円82銭

問2

〔期中平均株式数〕

$6,000株 - (500株 + 100株 \times \dfrac{31日}{365日}) = 5,491.50…株 ≒ 5,492株$

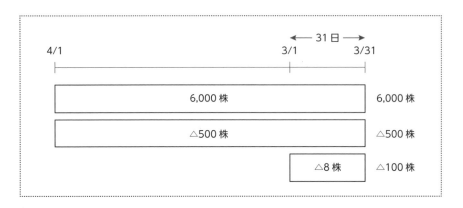

〔1株当たり当期純利益〕

1,000千円（当期純利益）÷ 5,492株（平均株数）= 182.083・・・円　≒ 182円08銭

[問3]

〔期中平均株式数〕

$$6,000株 - (500株 - 100株 × \frac{31日}{365日}) = 5,508.49・・・株　≒ 5,508株$$

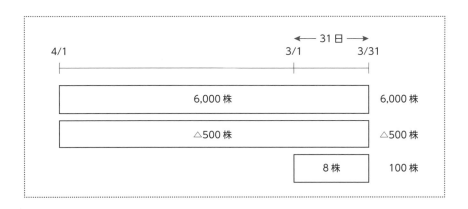

〔1株当たり当期純利益〕

1,000千円（当期純利益）÷ 5,508株（平均株数）= 181.554・・・円　≒ 181円55銭

[問4]

　自己株式を消却した場合には、期中平均発行済株式数と期中平均自己株式数が同じだけ減少するため、期中平均株式数は自己株式を消却しなかった場合と同じになる。よって、1株当たり当期純利益は問1と同額の181円82銭となる。

第2節　潜在株式調整後1株当たり当期純利益

1 潜在株式とは

　潜在株式とは、その保有者が普通株式を取得することができる権利または普通株式への転換請求権またはこれらに準じる権利が付された証券又は契約をいい、例えば、**新株予約権（ワラント）**や**転換証券（一括法で処理された転換社債型新株予約権付社債や転換株式）**が該当する。

　　※　転換株式とは、種類株式を普通株式に転換できる株式をいう（例：優先配当株式から普通株式に転換）。

2 希薄化効果とは

　希薄化効果とは、潜在株式に係る権利の行使を仮定することにより算定した1株当たり当期純利益（潜在株式調整後1株当たり当期純利益）が、1株当たり当期純利益を下回る場合をいう。

　希薄化効果を有する場合には、潜在的な株式数の増加による1株当たり当期純利益の減少を投資家に開示するために、潜在株式調整後1株当たり当期純利益を算定する必要がある。

潜在株式調整後1株当たり当期純利益 ＞ 1株当たり当期純利益・・・希薄化効果なし
潜在株式調整後1株当たり当期純利益 ＜ 1株当たり当期純利益・・・希薄化効果あり

3 潜在株式調整後1株当たり当期純利益の基本算定式

(1) 基本算定式

　潜在株式が希薄化効果を有する場合、潜在株式調整後1株当たり当期純利益は、普通株式に係る当期純利益に希薄化効果を有する各々の潜在株式に係る当期純利益調整額（以下、当期純利益調整額）を加えた合計金額を、普通株式の期中平均株式数に希薄化効果を有する各々の潜在株式に係る権利を行使したことによる普通株式の増加数（以下、普通株式増加数）を加えた合計株式数で除して算定する。

$$潜在株式調整後1株当たり当期純利益 = \frac{普通株式に係る当期純利益 ＋ 当期純利益調整額}{普通株式の期中平均株式数 ＋ 普通株式増加数}$$

(2) 潜在株式の権利行使に関する仮定

潜在株式が期首に存在している場合・・・期首において権利行使されたと仮定する
潜在株式が当期中に発行された場合・・・発行時において権利行使されたと仮定する

4 転換社債型新株予約権付社債（転換証券）

(1) 希薄化効果

　　1株当たり当期純利益が、転換社債型新株予約権付社債に関する当期純利益調整額を普通株式増加数で除して算定した増加普通株式1株当たり当期純利益調整額を上回る場合には、当該転換社債型新株予約権付社債がすべて転換されたと仮定することにより算定した潜在株式調整後1株当たり当期純利益は1株当たり当期純利益を下回るため、当該転換社債型新株予約権付社債は希薄化効果を有することになる。

> 増加普通株式1株当たり当期純利益調整額 ＞ 1株当たり当期純利益・・希薄化効果なし
> 増加普通株式1株当たり当期純利益調整額 ＜ 1株当たり当期純利益・・希薄化効果あり

(2) 潜在株式調整後1株当たり当期純利益の算定式

$$潜在株式調整後1株当たり当期純利益 = \frac{普通株式に係る当期純利益＋当期純利益調整額}{普通株式の期中平均株式数＋普通株式増加数}$$

(3) 当期純利益調整額

　　転換が行われた場合、転換社債型新株予約権付社債に係る費用項目は生じなくなるため、潜在株式調整後1株当たり当期純利益を算定する際には、当該費用額を当期純利益に加算する必要がある。

　　具体的には、当該転換社債型新株予約権付社債に係る当期の社債利息の金額（償却原価法を含む）及び利払に係る事務手数料等の費用の合計額から、当該金額に課税されたと仮定した場合の税額相当額を控除した金額とされる。

$$当期純利益調整額 ＝（社債利息 ＋ その他費用）×（1－実効税率）$$

(4) 普通株式増加数

　　転換社債型新株予約権付社債の場合の普通株式増加数は、転換社債型新株予約権付社債がすべて転換されたと仮定した場合に発行される普通株式数である。

　　具体的には、転換社債型新株予約権付社債が期首に存在する場合には、期首においてすべて転換されたと仮定した場合に発行される普通株式数であり、転換社債型新株予約権付社債が期中に発行された場合には、発行時においてすべて転換されたと仮定して算定した当該発行時から期末までの期間に応じた普通株式によって算定された普通株式数である。

(5) 権利行使された場合

　　転換社債型新株予約権付社債が権利行使された場合には、行使分を権利行使後の期中平均株式数の算定に含めることになる。また、普通株式増加数は、権利行使分については、権利行使前までの日数に応じて算定することになる。

　　権利行使分について、権利行使前までの日数に基づいて普通株式増加数に加味する理由は、権利行使後の普通株式増加数と合わせて、正しい潜在株式調整後1株当たり当期純利益を算定するためである。

■ 例題6　転換社債

　以下の資料に基づき、1株当たり当期純利益及び潜在株式調整後1株当たり当期純利益を求めなさい。なお、株数を算定する場合には1株未満の端数を四捨五入し、1株当たり当期純利益及び潜在株式調整後1株当たり当期純利益を算定する場合には円未満の小数点以下第3位を四捨五入すること。

(1)　当期（×1年4月1日～×2年3月31日）の当期純利益は100,000千円である。

(2)　当期首における発行済株式総数は、2,500,000株であり、すべて普通株式である。

(3)　×1年10月31日に以下の転換社債型新株予約権付社債を発行した。

　　① 額面金額440,000千円（平価発行）：880,000株

　　② 転換価格500円

(4)　当期の社債利息は5,000千円である。なお、便宜上、事務手数料は無視することとする。

(5)　×2年2月1日に新株予約権の権利行使が行われ、普通株式200,000株が発行された。

(6)　新株予約権の行使に伴う新株の効力発生日は、払込期日（行使日）とする。

(7)　法定実効税率は40%とする。

(8)　日数計算は11月1日より開始すること。

■ 解答解説

〔1株当たり当期純利益〕

(1)　期中平均株式数

$$2,500,000 株 + 200,000 株 × \frac{59 日^※}{365 日} ≒ 2,532,329 株$$

　　※　59日：×2年2月1日～×2年3月31日

(2)　1株当たり当期純利益

$$\frac{100,000 千円（普通株式に係る当期純利益）}{2,532,329 株（普通株式の期中平均株式数）} ≒ 39 円 49 銭$$

〔潜在株式調整後1株当たり当期純利益〕

(1)　当期純利益調整額

$$5,000 千円（社債利息）× \{1 - 40\%（税率）\} = 3,000 千円$$

(2)　普通株式増加数

$$680,000 株 × \frac{151 日^{※1}}{365 日} + 200,000 株 × \frac{92 日^{※2}}{365 日} ≒ 331,726 株$$

　　※1　151日：×1年11月1日～×2年3月31日
　　※2　92日：×1年11月1日～×2年1月31日

(3) 潜在株式調整後1株当たり当期純利益

$$\frac{100{,}000\text{千円(普通株式に係る当期純利益)}+3{,}000\text{千円(当期純利益調整額)}}{2{,}532{,}329\text{株(普通株式の期中平均株式数)}+331{,}726\text{株(普通株式増加数)}} \fallingdotseq 35\text{円}96\text{銭}$$

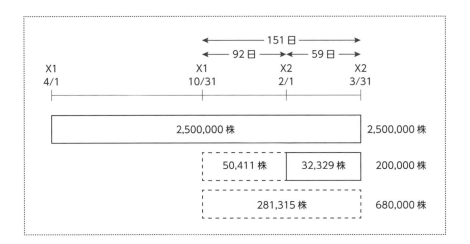

5　新株予約権（ワラント）が存在する場合

(1)　希薄化効果

　　普通株式の期中平均株価が新株予約権の行使価格を上回る場合に、当該新株予約権がすべて行使されたと仮定することにより算定した潜在株式調整後1株当たり当期純利益は1株当たり当期純利益を下回るため、当該新株予約権は希薄化効果を有することになる。

> 普通株式の期中平均株価 ＜ 新株予約権の行使価格‥希薄化効果なし（権利不行使）
> 普通株式の期中平均株価 ＞ 新株予約権の行使価格‥希薄化効果あり（権利行使）

(2)　潜在株式調整後1株当たり当期純利益の算定式

$$潜在株式調整後1株当たり当期純利益 = \frac{普通株式に係る当期純利益}{普通株式の期中平均株式数 ＋ 普通株式増加数}$$

　　※　新株予約権（ワラント）の場合には、当期純利益調整額はない。

(3)　普通株式増加数

　　新株予約権の場合の普通株式増加数は、当該新株予約権がすべて行使されたと仮定し、その行使に伴う入金額をすべて自己株式の買い受けに用いたと仮定して算定する。

　　また、希薄化効果を有する新株予約権（ワラント）は、未だ行使期間が開始していなくとも、普通株式増加数の算定上、既に行使期間が開始したものとして取扱う。

　　具体的には、普通株式増加数は、以下の計算式により算定する。

> 普通株式増加数 ＝
> 　　新株予約権が期首又は発行時にすべて行使されたと仮定した場合に発行される普通株式数
> 　　　　－ 行使による入金額により期中平均株価で自己株式を買い受けたと仮定した普通株式数

　　※　本来は、新株予約権の行使に伴う普通株式増加数をすべて普通株式増加数として扱い、また、調達した資金による利益増加額を加味するべきである。しかし、利益増加額が不明であるため、行使による入金額で自己株式を買い受けたと仮定している。
　　※　自己株式の買受額は、期中平均株価を用いる点に留意すること。

(4)　権利行使された場合

　　新株予約権が権利行使された場合には、行使分は権利行使後については、期中平均株式数の算定に含めることになる。また、普通株式増加数のうち権利行使分については権利行使前までの日数に応じて算定することになる。

■ 例題7　新株予約権（ワラント）

　以下の資料に基づき、各問に答えなさい。なお、株数を算定する場合には、1株未満の端数を四捨五入し、1株当たり当期純利益及び潜在株式調整後1株当たり当期純利益は円未満の端数については、小数点以下第3位を四捨五入すること。

　(1)　当期（×1年4月1日～×2年3月31日）の当期純利益は100,000千円である。

　(2)　当期首における発行済株式総数は2,500,000株であり、すべて普通株式である。

　(3)　×1年10月31日に以下の新株予約権を発行した。

　　①　新株予約権数880,000個（880,000株）

　　②　行使価格500円

　(4)　発行時から当期末（×1年11月1日～×2年3月31日：151日間）までの平均株価は、750円である。

　(5)　新株予約権の行使に伴う新株の効力発生日は、払込期日（行使日）とする。

　　問1　1株当たり当期純利益及び潜在株式調整後1株当たり当期純利益を求めなさい。

　　問2　以下の〔追加資料〕を加味した場合の、1株当たり当期純利益及び潜在株式調整後1株当たり当期純利益を求めなさい。

〔追加資料〕

　(1)　×2年2月1日に新株予約権200,000個（200,000株）の権利行使があった。

　(2)　発行時から行使時（×1年11月1日～×2年1月31日：92日間）までの平均株価は、700円である。

■ 解答解説　||||||||||||||||||||||||||||||||||||||||||||||||||||||||||||||||||||||||||||||||||||||||||||

問1

〔1株当たり当期純利益〕

$$\frac{100,000,000 円（普通株式に係る当期純利益）}{2,500,000 株（普通株式の期中平均株式数）} = 40 円$$

〔潜在株式調整後1株当たり当期純利益〕

(1)　普通株式増加数の算定

	行使時の普通株式増加数	平均株価による買受株式数	差引	日数	普通株式増加数
未行使新株予約権	880,000株	586,667株※1	293,333株	151日	121,351株※2

　　※1　880,000株×500円（行使価格）÷750円（平均株価）≒586,667株
　　※2　293,333株×151日／365日 ≒ 121,351株

(2)　潜在株式調整後1株当たり当期純利益

$$\frac{100,000,000 円（普通株式に係る当期純利益）}{2,500,000 株（普通株式の期中平均株式数）＋121,351 株（普通株式増加数）} ≒ 38 円 15 銭$$

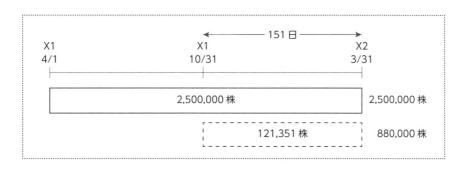

問2

〔1株当たり当期純利益〕

(1) 期中平均株式数

$$2,500,000 \text{株} + 200,000 \text{株} \times \frac{59 \text{日}^{※}}{365 \text{日}} ≒ 2,532,329 \text{株}$$

※　59日：×2年2月1日～×2年3月31日

(2) 1株当たり当期純利益

$$\frac{100,000,000 \text{円（普通株式に係る当期純利益）}}{2,532,329 \text{株（普通株式の期中平均株式数）}} ≒ 39 \text{円} 49 \text{銭}$$

〔潜在株式調整後1株当たり当期純利益〕

(1) 普通株式増加数

	行使時の普通株式増加数	平均株価による買受株式数	差引	日数	普通株式増加数
未行使新株予約権	680,000株	453,333株[※1]	226,667株	151日[※3]	93,772株[※5]
行使済新株予約権	200,000株	142,857株[※2]	57,143株	92日[※4]	14,403株[※6]

※1　680,000株×500円（行使価格）÷750円（平均株価）≒453,333株
※2　200,000株×500円（行使価格）÷700円（平均株価）≒142,857株
※3　発行時の翌日から決算日までの日数（×1年11月1日～×2年3月31日）
※4　発行時の翌日から行使時の前日までの日数（×1年11月1日～×2年1月31日）
※5　226,667株×151日／365日≒93,772株
※6　57,143株×92日／365日≒14,403株

(2) 潜在株式調整後1株当たり当期純利益

$$\frac{100,000,000 \text{円（普通株式に係る当期純利益）}}{2,532,329 \text{株（普通株式の期中平均株式数）} + 108,175 \text{株（普通株式増加数）}} ≒ 37 \text{円} 87 \text{銭}$$

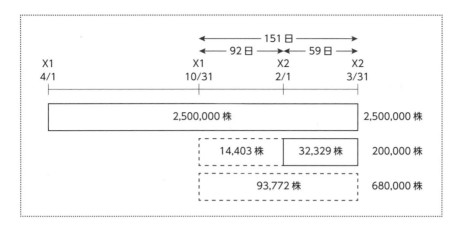

238
（第40章－14）

6 転換株式（転換証券）

⑴ 希薄化効果

　1株当たり当期純利益が、転換株式に関する当期純利益調整額を普通株式増加数で除して算定した増加普通株式1株当たり当期純利益調整額を上回る場合には、当該転換株式がすべて転換されたと仮定することにより算定した潜在株式調整後1株当たり当期純利益は1株当たり当期純利益を下回るため、当該転換株式は希薄化効果を有することになる。

> 増加普通株式1株当たり当期純利益調整額 ＞ 1株当たり当期純利益・・希薄化効果なし
> 増加普通株式1株当たり当期純利益調整額 ＜ 1株当たり当期純利益・・希薄化効果あり

⑵ 潜在株式調整後1株当たり当期純利益の算定式

$$潜在株式調整後1株当たり当期純利益 = \frac{普通株式に係る当期純利益＋当期純利益調整額}{普通株式の期中平均株式数＋普通株式増加数}$$

⑶ 当期純利益調整額

　転換株式に係る当期純利益調整額は、1株当たり当期純利益の算定において、**普通株主に帰属しない金額**として控除した金額となる。

　配当優先株式を普通株式に転換できる場合には、**優先配当額**等が該当する。

⑷ 普通株式増加数

　転換株式の場合の普通株式増加数は、**転換株式がすべて転換されたと仮定した場合に発行される普通株式数**である。

　具体的には、転換株式が期首に存在する場合には、期首においてすべて転換されたと仮定した場合に発行される普通株式数であり、転換株式が期中に発行された場合には、発行時においてすべて転換されたと仮定して算定した当該発行時から期末までの期間に応じた普通株式によって算定された普通株式数である。

⑸ 転換された場合

　転換株式が、転換された場合には、転換分について転換後は、期中平均株式数の算定に含めることになる。また、普通株式増加数に含まれる転換分については、転換前までの日数に応じて算定することになる。

■ 例題8　転換株式

重要度 C

以下の資料に基づき、1株当たり当期純利益及び潜在株式調整後1株当たり当期純利益を求めなさい。なお、株数を算定する場合には1株未満の端数を四捨五入し、1株当たり当期純利益及び潜在株式調整後1株当たり当期純利益は円未満の小数点以下第3位を四捨五入すること。

(1) 当期（×1年4月1日～×2年3月31日）の当期純利益は100,000千円である。

(2) 当期首における普通株式の発行済株式総数は、500,000株である。

(3) 当期首における配当優先株式の発行済株式総数は、100,000株である。なお、当該配当優先株式1株は、普通株式2株に転換可能である。

(4) ×2年2月1日に配当優先株式40,000株が、普通株式80,000株に転換された。

(5) 優先配当は、期末の配当優先株式1株につき年30円である。

■ 解答解説

〔1株当たり当期純利益〕

(1) 期中平均株式数

$$500,000株 + 80,000株 \times \frac{59日^※}{365日} ≒ 512,932株$$

※　59日：×2年2月1日～×2年3月31日

(2) 普通株主に係る当期純利益

100,000千円（当期純利益）－1,800千円（普通株式に帰属しない金額※）＝98,200千円

※　60,000株（期末配当優先株式）×@30円＝1,800千円

(3) 1株当たり当期純利益

$$\frac{98,200千円（普通株式に係る当期純利益）}{512,932株（普通株式の期中平均株式数）} ≒ 191円45銭$$

〔潜在株式調整後1株当たり当期純利益〕

(1) 当期純利益調整額

60,000株（期末配当優先株式）×@30円（優先配当）＝1,800千円

(2) 普通株式増加数

$$120,000株 \times \frac{365日}{365日} + 80,000株 \times \frac{306日^※}{365日} ≒ 187,068株$$

※　306日：×1年4月1日～×2年1月31日

(3) 潜在株式調整後1株当たり当期純利益

$$\frac{98,200千円（普通株式に係る当期純利益）＋1,800千円（当期純利益調整額）}{512,932株（普通株式の期中平均株式数）＋187,068株（普通株式増加数）} ≒ 142円86銭$$

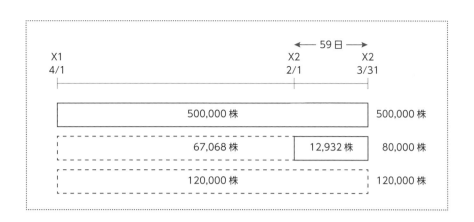

第3節　1株当たり純資産額

1 1株当たり純資産額の開示の目的

　1株当たり純資産額の算定及び開示の目的は、普通株主に関する企業の財政状態を示し、投資家の的確な投資判断に資する情報を提供することである。

2 基本算定式

(1) 基本算定式

$$
1株当たり純資産額 = \frac{普通株式に係る期末の純資産額}{普通株式の期末株式数^{※}}
$$

$$
= \frac{貸借対照表の純資産の部の合計額 - 普通株主に帰属しない金額}{普通株式の期末発行済株式数 - 普通株式の期末自己株式数}
$$

　※　期末の純資産との対応関係から、株式数は、期末株式数を用いる。

(2) 普通株主に帰属しない金額

連 結 貸 借 対 照 表

×年×月×日現在

Ⅰ 株主資本		
1 資本金	×××	
2 新株式申込証拠金	×××	
3 資本剰余金	×××	…普通株主に帰属しない金額
4 利益剰余金	×××	
5 自己株式	△×××	
6 自己株式申込証拠金	×××	
株主資本合計	×××	
Ⅱ 評価・換算差額等		
1 その他有価証券評価差額金	×××	
2 繰延ヘッジ損益	×××	
3 土地再評価差額金	×××	
評価・換算差額等合計	×××	
Ⅲ 株式引受権	×××	
Ⅳ 新株予約権	×××	
Ⅴ 非支配株主持分	×××	
純資産合計	×××	

　※　自己株式申込証拠金とは、新株式申込証拠金と同様の勘定科目である。すなわち、自己株式を処分するに当たって、申込期間中に払い込まれた金額を払込期日になるまで処理する勘定科目である。

　※　株式引受権とは、ストック・オプションと類似する取引である「取締役等の報酬等として株式を無償交付する取引」により計上される勘定科目であり、貸借対照表において株式引受権は新株予約権と同様の扱いがなされる。

■ 例題9　1株当たり純資産額

重要度B

　以下の資料に基づき、1株当たり純資産額を求めなさい。なお、1株当たり純資産額の算定に当たり、円未満の端数が生じる場合には、小数点以下第3位を四捨五入すること。会計期間は4月1日～3月31日である。

(1)　当期の当社の株式の増減明細は以下のとおりである。

	当期首	増資による増加	当期末
発行済株式総数	900,000株	200,000株	1,100,000株
自己株式数	△100,000株	−	△100,000株

　　※　増資は7月1日に実施した。

(2)　当期末の貸借対照表の純資産の部の内訳は、以下のとおりである。

```
Ⅰ 株主資本
   1 資本金                      5,000,000円
   2 新株式申込証拠金             2,000,000円
   3 資本剰余金                  3,000,000円
   4 利益剰余金                 12,000,000円
   5 自己株式                 △1,500,000円
   6 自己株式申込証拠金            500,000円
   株主資本合計                21,000,000円
Ⅱ 評価・換算差額等
   1 その他有価証券評価差額金       500,000円
   2 繰延ヘッジ損益               400,000円
   3 土地再評価差額金             200,000円
   評価・換算差額等合計           1,100,000円
Ⅳ 新株予約権                   400,000円
   純資産合計                 22,500,000円
```

■ 解答解説

(1)　普通株式に係る期末の純資産額

22,500,000円（純資産合計）− 2,900,000円（普通株主に帰属しない金額）= 19,600,000円

　　※　普通株主に帰属しない金額：2,000,000円（新株式申込証拠金）+ 500,000円（自己株式申込証拠金）
　　　　　　　　　　　　　　　　　　+ 400,000円（新株予約権）= 2,900,000円

(2)　1株当たり純資産額

$$\frac{19,600,000円（普通株式に係る期末の純資産額）}{1,100,000株（普通株式の期末発行済株式数）− 100,000株（普通株式の期末自己株式数）} = 19円60銭$$

　　※　期末の純資産との対応関係から、株式数は、期末株式数を用いる。

■ 例題10　連結上の1株当たり純資産額

重要度 B

　以下の資料に基づき、連結財務諸表における1株当たり純資産額を求めなさい。1株当たり純資産額の算定に当たり、円未満の端数が生じる場合には、小数点以下第3位を四捨五入すること。

(1)　当期末における発行済株式総数は、親会社が1,000,000株、子会社が500,000株であり、すべて普通株式である。なお、親会社は子会社の株式を400,000株保有している。

(2)　当期末の連結貸借対照表の純資産の部の内訳は、以下のとおりである。

Ⅰ　株主資本	
1　資本金	5,000,000円
2　資本剰余金	3,000,000円
3　利益剰余金	10,000,000円
株主資本合計	18,000,000円
Ⅱ　評価・換算差額等	
1　その他有価証券評価差額金	△200,000円
Ⅲ　非支配株主持分	1,000,000円
純資産合計	18,800,000円

■ 解答解説

(1)　普通株式に係る期末の純資産額

　18,800,000円（純資産合計）－ 1,000,000円（普通株主に帰属しない金額）＝ 17,800,000円

　　※　普通株主に帰属しない金額：1,000,000円（非支配株主持分）

(2)　1株当たり純資産額

$$\frac{17,800,000円（普通株式に係る期末の純資産額）}{1,000,000株（普通株式の期末発行済株式数）} = 17円80銭$$

第41章

分配可能額

1 目的

　　株主は、間接有限責任のみを負うため、会社債権者にとっては、会社財産を適切に確保する必要がある。そのため、**債権者保護の観点から剰余金の分配に財源規制をする必要がある**。

　　また、会社法により、利益の分配及び自己株式の取得といった剰余金の分配が、株主総会又は取締役会決議によりいつでも可能となったため、分配可能額の算定を適時・適切に行う必要がある。

〔財源規制の対象〕

　　① 剰余金の配当
　　② 自己株式の取得

2 分配可能額の算定式

> 分配可能額 ＝ 分配時の剰余金
> 　　　　　　－ 分配時の自己株式（帳簿価額）
> 　　　　　　－ 分配時までの自己株式の処分の対価の額
> 　　　　　　－ 前期末Ｂ／Ｓその他有価証券評価差額金（借方残高）
> 　　　　　　－ 前期末Ｂ／Ｓ土地再評価差額金（借方残高）
> 　　　　　　－ のれん等調整額の減算額

第2節 分配時の剰余金

1 剰余金とは

剰余金とは、その他資本剰余金とその他利益剰余金の合計額である。

剰余金 ＝ その他資本剰余金＋その他利益剰余金（任意積立金・繰越利益剰余金）

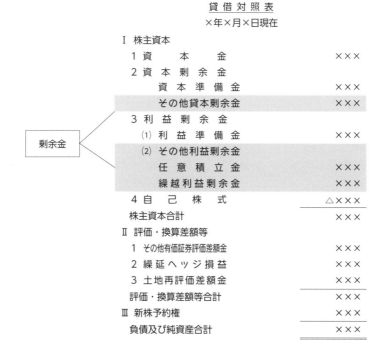

貸 借 対 照 表
×年×月×日現在

Ⅰ 株主資本	
1 資 本 金	×××
2 資 本 剰 余 金	
資 本 準 備 金	×××
その他資本剰余金	×××
3 利 益 剰 余 金	
(1) 利 益 準 備 金	×××
(2) その他利益剰余金	
任 意 積 立 金	×××
繰 越 利 益 剰 余 金	×××
4 自 己 株 式	△×××
株主資本合計	×××
Ⅱ 評価・換算差額等	
1 その他有価証券評価差額金	×××
2 繰 延 ヘ ッ ジ 損 益	×××
3 土 地 再 評 価 差 額 金	×××
評価・換算差額等合計	×××
Ⅲ 新株予約権	×××
負債及び純資産合計	×××

剰余金

2 分配時の剰余金

分配可能額の算定の基礎は、**分配時の剰余金**である。分配時の剰余金は、前期末の貸借対照表における剰余金に、分配時までの剰余金の変動を加減して算定する。

分配時の剰余金 ＝ 前期末の貸借対照表の剰余金 ± 分配時までの剰余金の変動額

■ 例題1　剰余金の変動

以下の資料に基づき、×3年11月10日の取締役会決議時の分配可能額を算定しなさい。

1. 前期末の貸借対照表は、以下のとおりである。

貸 借 対 照 表
×3年3月31日現在　　　　　　　　　　　　（単位：千円）

諸　　資　　産	366,000	諸　　　負　　　債	56,000
		資　　本　　金	150,000
		資　本　準　備　金	20,000
		そ の 他 資 本 剰 余 金	30,000
		利　益　準　備　金	10,000
		任　意　積　立　金	10,000
		繰 越 利 益 剰 余 金	90,000
	366,000		366,000

2. ×3年6月25日の定時株主総会で以下の剰余金の配当及び処分が承認された。

配当金（利益剰余金を財源）	2,000千円	利益準備金の積立	200千円
資本準備金の取崩	3,000千円	利益準備金の取崩	4,000千円

■ 解答解説（単位：千円）

1. 仕訳

(1) 配当金の支払

（借）繰 越 利 益 剰 余 金	2,200	（貸）利　益　準　備　金	200
		未　払　配　当　金	2,000

(2) 資本準備金の取崩

（借）資　本　準　備　金	3,000	（貸）そ の 他 資 本 剰 余 金	3,000

(3) 利益準備金の取崩

（借）利　益　準　備　金	4,000	（貸）繰 越 利 益 剰 余 金	4,000

2. 分配時の剰余金の残高

×3年11月10日

そ の 他 資 本 剰 余 金	33,000
任　意　積　立　金	10,000
繰 越 利 益 剰 余 金	91,800

3. 分配可能額

33,000（その他資本剰余金）＋ 10,000（任意積立金）＋ 91,800（繰越利益剰余金）＝ 134,800

第3節　自己株式

1 分配時の自己株式

　分配可能額の算定に当たっては、分配時の剰余金から**分配時の自己株式（帳簿価額）**を減算する。これは、自己株式の分だけ既に分配がなされているためである。

> 分配可能額 ＝ 分配時の剰余金 － 分配時の自己株式の帳簿価額

2 分配時までの自己株式の処分の対価

　本来は、自己株式の処分により、「自己株式処分差額」は剰余金の増減となり、自己株式の帳簿価額は、自己株式の控除項目の減額を意味するため、自己株式の処分の対価の額だけ分配可能額は増加する。しかし、当該増加額は、分配可能額に組入れないこととしている。つまり、分配可能額の算定に当たって、**自己株式の処分の対価の額を減算**する必要がある。

　これは、会社法上、自己株式の処分対価が不当に高い評価額になっている可能性を懸念し、自己株式の処分対価は、期末の計算書類や臨時計算書類でその妥当性が確認されて初めて分配可能額を構成するという方針を採っているためである。

> 分配可能額 ＝ 分配時の剰余金 － 分配時まで自己株式の処分の対価の額

■ 例題2　自己株式

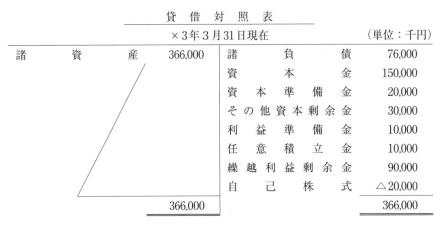

以下の資料に基づき、×3年6月25日における分配可能額を算定しなさい。

1．前期末の貸借対照表は、以下のとおりである。

貸 借 対 照 表

×3年3月31日現在　　　　　（単位：千円）

諸　　　資　　　産	366,000	諸　　　　負　　　　債	76,000
		資　　　本　　　金	150,000
		資　本　準　備　金	20,000
		その他資本剰余金	30,000
		利　益　準　備　金	10,000
		任　意　積　立　金	10,000
		繰　越　利　益　剰　余　金	90,000
		自　　己　　株　　式	△20,000
	366,000		366,000

2．自己株式に関する取引

(1)　×3年5月1日に自己株式を1,000千円取得した。

(2)　×3年6月1日に自己株式（帳簿価額2,000千円）を消却した。

(3)　×3年6月10日に自己株式（帳簿価額3,000千円）を4,000千円で処分した。

■ 解答解説（単位：千円）||||||||||||||||||||||||||||||||||||||||||||||||||||||||||||||||||||||||||

1．仕訳

(1)　自己株式の取得

（借）自　己　株　式	1,000	（貸）現　金　預　金	1,000

(2)　自己株式の消却

（借）その他資本剰余金	2,000	（貸）自　己　株　式	2,000

(3)　自己株式の処分

（借）現　金　預　金	4,000	（貸）自　己　株　式	3,000
		その他資本剰余金	1,000

2．分配時の剰余金及び自己株式の残高

×3年6月25日現在

その他資本剰余金	29,000
任　意　積　立　金	10,000
繰　越　利　益　剰　余　金	90,000
自　　己　　株　　式	△16,000

3．分配可能額

29,000（その他資本剰余金）＋10,000（任意積立金）＋90,000（繰越利益剰余金）

－16,000（自己株式）－4,000（自己株式の処分対価）＝109,000

第4節　評価・換算差額等

1　その他有価証券評価差額金・土地再評価差額金

　　その他有価証券評価差額金及び土地再評価差額金は、借方残高（評価差損）の場合には、分配可能額の算定上剰余金から控除することになる。これは、その他有価証券評価差額金及び土地再評価差額金の借方残高は、分配時において剰余金から控除されていないが、その額だけ将来の剰余金を毀損することを意味するためである。

　　　　　　分配可能額 ＝ 分配時の剰余金
　　　　　　　　　　　　　 － 前期末のその他有価証券評価差額金（借方残高）
　　　　　　　　　　　　　 － 前期末の土地再評価差額金（借方残高）

　　※　貸方残高（評価差益）の場合には、分配可能額に加算しない点に留意すること。

参考 土地再評価差額金とは

平成10年度から平成13年度までの間、「土地の再評価に関する法律」に基づき、事業用の土地を再評価（時価評価）することが認められていた。
その際に生じた評価差額を土地再評価差額金という。土地再評価差額金は、純資産項目であり、純資産の部の評価・換算差額等に計上された（その他有価証券評価差額金と同様の扱い）。

2　繰延ヘッジ損益

　　繰延ヘッジ損益は、分配可能額の算定上、**影響を与えない**。つまり、借方残高であっても分配可能額の算定上、剰余金からは控除しない。なぜなら、繰延ヘッジ損益は、ヘッジ取引から生じるものであるが、ヘッジ手段から生じた損失である繰延ヘッジ損益の借方残高は、ヘッジ対象から生じる益と相殺され合う関係にあるため、ヘッジ取引全体で損失が生じているわけではなく、**剰余金を毀損しているわけではない**からである。

評価・換算差額等の項目	分配可能額への影響
その他有価証券評価差額金	借方残高の場合には剰余金から減額する
土地再評価差額金	借方残高の場合には剰余金から減額する
繰延ヘッジ損益	影響ない

　　※　その他有価証券評価差額金及び土地再評価差額金は、前期末の貸借対照表計上額に基づいて算定する点に留意すること。

■ 例題3　評価・換算差額等

重要度 A

以下の資料に基づき、×3年11月10日の取締役会決議時の分配可能額を算定しなさい。

1．前期末の貸借対照表は、以下のとおりである。

貸 借 対 照 表

×3年3月31日現在　　　　　　　　　　（単位：千円）

諸 資 産	330,000	諸 　 負 　 債	56,000
		資 　 本 　 金	150,000
		資 本 準 備 金	20,000
		その他資本剰余金	30,000
		利 益 準 備 金	10,000
		任 意 積 立 金	10,000
		繰 越 利 益 剰 余 金	90,000
		その他有価証券評価差額金	△20,000
		土 地 再 評 価 差 額 金	△10,000
		繰 延 ヘ ッ ジ 損 益	△6,000
	330,000		330,000

2．×3年6月25日の定時株主総会で以下の剰余金の配当及び処分が承認された。

配当金（利益剰余金を財源）　　2,000千円　　利益準備金の積立　　　200千円

資本準備金の取崩　　　　　　　3,000千円　　利益準備金の取崩　　4,000千円

■ 解答解説 (単位：千円)

1．仕訳

(1) 配当金の支払

(借) 繰 越 利 益 剰 余 金	2,200	(貸) 利 益 準 備 金	200
		未 払 配 当 金	2,000

(2) 資本準備金の取崩

(借) 資 本 準 備 金	3,000	(貸) その他資本剰余金	3,000

(3) 利益準備金の取崩

(借) 利 益 準 備 金	4,000	(貸) 繰 越 利 益 剰 余 金	4,000

2．分配時の剰余金の残高

×3年6月25日

その他資本剰余金	33,000
任 意 積 立 金	10,000
繰 越 利 益 剰 余 金	91,800

3．分配可能額

33,000（その他資本剰余金）＋10,000（任意積立金）＋91,800（繰越利益剰余金）

－20,000（前期末B／Sその他有価証券評価差額金）－10,000（前期末B／S土地再評価差額金）＝104,800

第5節　のれん等調整額の減算額

　のれん等調整額は、分配可能額の算定上、剰余金から減額されるが、具体的な減算額は、資本金等の金額との関係から以下のように分類される。なお、このように配当制限がなされるのは、のれん及び繰延資産は換金性がない資産であるためである。

分類		のれん等調整額と資本等金額の関係	のれん等調整額の減算額
ケース1		のれん等調整額 ≦ 資本等金額	ゼロ
ケース2		のれん等調整額 ≦ 資本等金額＋その他資本剰余金	のれん等調整額－資本等金額
ケース3		のれん等調整額 ＞ 資本等金額＋その他資本剰余金	
	（1）	のれん÷2　　≦ 資本等金額＋その他資本剰余金	のれん等調整額－資本等金額
	（2）	のれん÷2　　＞ 資本等金額＋その他資本剰余金	その他資本剰余金＋繰延資産

　※　のれん等調整額：のれん×1／2＋繰延資産
　※　資本等金額：資本金＋資本準備金＋利益準備金
　※　のれん、繰延資産、資本金、資本準備金、その他資本剰余金、利益準備金は、前期末貸借対照表の計上額を用いる。

　なお、のれん等調整額の減算額は、以下の手順で算定することもできる。

Step 1　のれん等調整額及び資本等金額を算定する。

　　のれん等調整額＝のれん÷2＋繰延資産

　　資本等金額＝資本金＋資本準備金＋利益準備金

Step 2　のれん等調整額と資本等金額を比較し、財源規制があるか否か判定する。

　　のれん等調整額≦資本等金額・・・財源規制なし → 減算額0

　　のれん等調整額＞資本等金額・・・財源規制あり → Step 3 へ

Step 3　①、②のいずれか小さい方の金額が減算額となる。

　　①　のれん等調整額－資本等金額

　　②　その他資本剰余金＋繰延資産

■ 例題4　のれん等調整額

以下の資料に基づき、各問における×3年6月25日の分配可能額を算定しなさい。

1. 前期末の貸借対照表は、以下のとおりである。

貸 借 対 照 表

×3年3月31日現在　　　　　　　　（単位：千円）

諸　　資　　産	566,000	諸　　　　負　　　　債	356,000
		資　　　本　　　金	50,000
		資　本　準　備　金	20,000
		そ の 他 資 本 剰 余 金	30,000
		利　益　準　備　金	10,000
		任　意　積　立　金	10,000
		繰　越　利　益　剰　余　金	90,000
	566,000		566,000

2. 株主資本の増減は一切ないものとする。

問1	のれんの金額が30,000千円、繰延資産の金額が20,000千円の場合
問2	のれんの金額が120,000千円、繰延資産の金額が30,000千円の場合
問3	のれんの金額が120,000千円、繰延資産の金額が55,000千円の場合
問4	のれんの金額が250,000千円、繰延資産の金額が30,000千円の場合

■ 解答解説 （単位：千円）

問1 のれんの金額が30,000、繰延資産の金額が20,000の場合

1. のれん等調整額の減算額

Step 1 のれん等調整額及び資本等金額の算定

のれん等調整額：30,000（のれん）÷ 2 + 20,000（繰延資産）＝ 35,000

資本等金額：50,000（資本金）＋ 20,000（資本準備金）＋ 10,000（利益準備金）＝ 80,000

Step 2 財源規制の有無の判定

35,000（のれん等調整額）≦ 80,000（資本等金額）・・・財源規制なし

∴　のれん等調整額の減算額：ゼロ

---

2. 分配可能額

30,000（その他資本剰余金）＋ 10,000（任意積立金）＋ 90,000（繰越利益剰余金）

－ 0（のれん等調整額の減算額）＝ 130,000

問2　のれんの金額が120,000、繰延資産の金額が30,000の場合

1．のれん等調整額の減算額

Step 1　のれん等調整額及び資本等金額の算定

のれん等調整額：120,000（のれん）÷ 2 + 30,000（繰延資産）= 90,000

資本等金額：50,000（資本金）+ 20,000（資本準備金）+ 10,000（利益準備金）= 80,000

Step 2　財源規制の有無の判定

90,000（のれん等調整額）＞80,000（資本等金額）・・・財源規制あり

Step 3　のれん等調整額の減算額の算定

①　90,000（のれん等調整額）− 80,000（資本等金額）= 10,000

②　30,000（その他資本剰余金）+ 30,000（繰延資産）= 60,000

①＜②　　∴　のれん等調整額の減算額：10,000

2．分配可能額

30,000（その他資本剰余金）+ 10,000（任意積立金）+ 90,000（繰越利益剰余金）

− 10,000（のれん等調整額の減算額）= 120,000

問3　のれんの金額が120,000、繰延資産の金額が55,000の場合

1．のれん等調整額の減算額

Step 1　のれん等調整額及び資本等金額の算定

のれん等調整額：120,000（のれん）÷ 2 + 55,000（繰延資産）= 115,000

資本等金額：50,000（資本金）+ 20,000（資本準備金）+ 10,000（利益準備金）= 80,000

Step 2　財源規制の有無の判定

115,000（のれん等調整額）＞80,000（資本等金額）・・・財源規制あり

Step 3　のれん等調整額の減算額の算定

①　115,000（のれん等調整額）− 80,000（資本等金額）= 35,000

②　30,000（その他資本剰余金）+ 55,000（繰延資産）= 85,000

①＜②　　∴　のれん等調整額の減算額：35,000

2．分配可能額

30,000（その他資本剰余金）+ 10,000（任意積立金）+ 90,000（繰越利益剰余金）

− 35,000（のれん等調整額の減算額）= 95,000

問4 のれんの金額が250,000、繰延資産の金額が30,000の場合

1. のれん等調整額の減算額

Step 1 のれん等調整額及び資本等金額の算定

のれん等調整額：250,000（のれん）÷ 2 ＋30,000（繰延資産）＝155,000

資本等金額：50,000（資本金）＋20,000（資本準備金）＋10,000（利益準備金）＝80,000

Step 2 財源規制の有無の判定

155,000（のれん等調整額）＞80,000（資本等金額）・・・財源規制あり

Step 3 のれん等調整額の減算額の算定

① 155,000（のれん等調整額）－80,000（資本等金額）＝75,000

② 30,000（その他資本剰余金）＋30,000（繰延資産）＝60,000

①＞② ∴ のれん等調整額の減算額：60,000

2. 分配可能額

30,000（その他資本剰余金）＋10,000（任意積立金）＋90,000（繰越利益剰余金）

－60,000（のれん等調整額の減算額）＝70,000

第6節　臨時決算

剰余金の配当及び処分に際して、臨時決算を行い、臨時計算書類（損益計算書・貸借対照表）を作成し、それについて株主総会の承認等を受けた場合には、①臨時決算日までの期間損益、②臨時決算日までの自己株式の処分対価の額を剰余金の額に加算することができる。この場合、分配可能額の算定に当たり考慮する資本金、のれん及び繰延資産、その他有価証券評価差額金等は臨時計算書類に基づき算定する。

■ 例題5　臨時決算

重要度 Ⓒ

以下の資料に基づき、×3年9月30日の分配可能額を算定しなさい。

1．前期末の貸借対照表は、以下のとおりである。

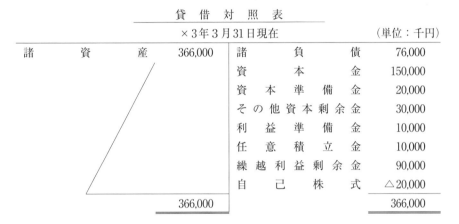

貸　借　対　照　表
×3年3月31日現在　　　　　（単位：千円）

諸　　資　　産	366,000	諸　　負　　債	76,000
		資　　本　　金	150,000
		資　本　準　備　金	20,000
		そ の 他 資 本 剰 余 金	30,000
		利　益　準　備　金	10,000
		任　意　積　立　金	10,000
		繰　越　利　益　剰　余　金	90,000
		自　　己　　株　　式	△20,000
	366,000		366,000

2．自己株式に関する取引
　⑴　×3年5月1日に自己株式を1,000千円取得した。
　⑵　×3年6月1日に自己株式（帳簿価額2,000千円）を消却した。
　⑶　×3年7月1日に自己株式（帳簿価額3,000千円）を4,000千円で処分した。

3．×3年9月30日を臨時決算日として損益計算書及び貸借対照表を作成し、株主総会の承認を受けた。
　なお、当該損益計算書における当期純利益は10,000千円であった。

■ 解答解説（単位：千円）||||||||||||||||||||||||||||||||||||||||||||||||||||||||||||||||||||||||||||||||||||

1. 仕訳

(1) 自己株式の取得

（借）自 己 株 式	1,000	（貸）現 金 預 金	1,000

(2) 自己株式の消却

（借）その他資本剰余金	2,000	（貸）自 己 株 式	2,000

(3) 自己株式の処分

（借）現 金 預 金	4,000	（貸）自 己 株 式	3,000
		その他資本剰余金	1,000

(4) 決算振替仕訳

（借）損 益	10,000	（貸）繰越利益剰余金	10,000

2. 臨時貸借対照表

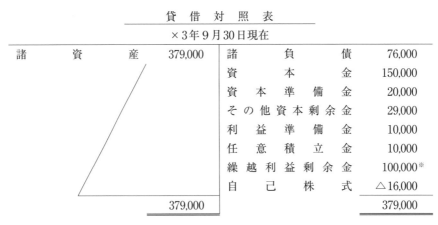

貸 借 対 照 表

×3年9月30日現在

諸 資 産	379,000	諸 負 債	76,000
		資 本 金	150,000
		資 本 準 備 金	20,000
		その他資本剰余金	29,000
		利 益 準 備 金	10,000
		任 意 積 立 金	10,000
		繰 越 利 益 剰 余 金	100,000※
		自 己 株 式	△16,000
	379,000		379,000

※　90,000（前期末B/S）＋10,000（当期純利益）＝100,000

3. 分配可能額の算定

29,000（その他資本剰余金）＋10,000（任意積立金）＋100,000（繰越利益剰余金）－16,000（自己株式）＝123,000

※　臨時計算書類を作成し、株主総会の承認を受けているため、自己株式の処分対価の額を剰余金の額に加算することができる。したがって、自己株式の処分の対価の額を減算する必要はない。

索　引

〈編著者紹介〉

CPA会計学院

公認会計士試験資格スクールとして、圧倒的な合格実績を誇る。
創設は昭和43年。わが国で初めて全日制による公認会計士受験指導を
始めたスクールとして誕生した。本質が理解できる講義・教材により、
全国の学生・社会人から支持を得ている。
創設以来、全国展開をせず、受講生一人ひとりを手厚くするフォロー
する戦略により、合格者の過半数以上を輩出。
2023年公認会計士試験では全体合格者1,544名の内、786名の合格者の
輩出、総合合格1位合格者の輩出など圧倒的な実績を残している。
「CPAラーニング」を通じて、簿記・会計教育の浸透に取り組んでいる。

いちばんわかる日商簿記1級
商業簿記・会計学の教科書　第Ⅲ部

2023年5月18日　初版第1刷発行
2024年7月25日　　　第2刷発行

編著者　CPA会計学院
発行者　CPA出版
住所：〒160-0022　東京都新宿区新宿3-14-20 新宿テアトルビル5F
アドレス：cpa-learning@cpa-net.jp
URL：https://www.cpa-learning.com/

発売　サンクチュアリ出版
〒113-0023　東京都文京区向丘2-14-9
電話：03-5834-2507　FAX：03-5834-2508

印刷・製本　シナノ書籍印刷株式会社

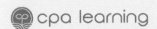